프로바둑강좌 · 고급활용 ③

대세를 결정짓는 다음의 한 수

10단 大竹英雄 지음
프로바둑연구회 편

太乙出版社

머리말

바둑 부부로 유명한 天元씨와 星子씨가 찾아와 나와 함께 바둑 공부를 하고 싶다고 했다.

이름을 天元, 星子라고 지을 정도이므로 그 정열을 가히 짐작할 수가 있읍니다. 나는 두 사람의 정열에 져 끝까지 맞부딪치고 말았읍니다. 독자 여러분도 두 사람에게 지지 않도록 끝까지 열심히 읽어 주십시오.

이 책은 처음부터 끝까지 여러 가지 국면을 접하게 되는 형식으로 엮었읍니다.

내용은 차츰 어려워져 갑니다. 그리고 이 책에 가끔 지적해 놓은 참고도와 변화도를 일일이 전부 해석할 필요는 없읍니다. 그 보다도 중요한 것은 바둑의 생각하는 방법, 국면에 대항하는 방법을 배우는 것입니다. 이런 면을 생각하여 이 책을 읽으면 더욱 재미있을 것입니다. 그러므로 이해가 가지 않는 부분은 뛰어 넘어도 상관없읍니다.

프로 바둑은 잡지나 신문으로 대할 수가 있읍니다. 그런 것을 볼 때에도 너무 그 해설 자체에 얽매이지 않는 것이 좋을 것이라고 생각합니다. 기보의 흐름에서부터 대국자가 생각하고 있는 것과 바둑의 골조를 희미하게라도 알게 된다면 그편이 참고도 하나 하나를 이해하는 것 보다 훨씬 중요한 것이 될 것입니다.

일국의 바둑에서도 나무를 보고 숲을 보지 않는 어리석음을 범하지 않도록.

이 책이 아마 기사의 영양이 되기를 바랍니다.

차 례 *

제 1 장

초반(初盤)의 묘(妙)

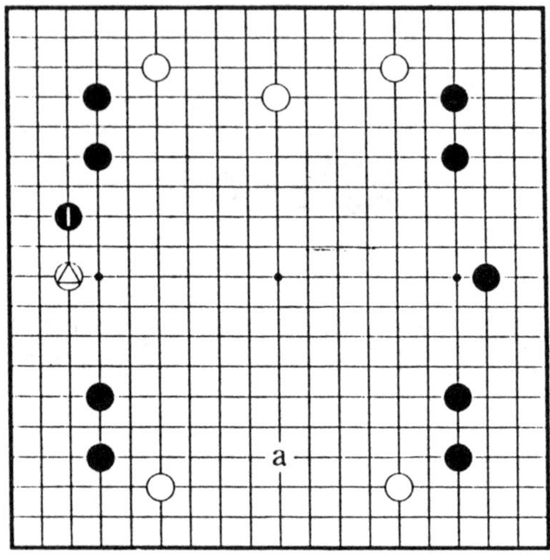

예제도

大竹 아니 天元씨 무엇을 늘어 놓고 있는 것입니까?

天元 예 지난번 안사람 星子와 놓던 바둑을…… 제가 △로 가르자 아내는 흑1로 놓았읍니다. 그런 좁은 장소는 놓아도 소용없다. a로 뛰어들라고 가르쳐 주었읍니다.

星子 정말 그렇읍니까, 선생님?

大竹 아,天元씨의 비평은 훌륭합니다. 포석은 큰 곳에서부터 놓는 것이 좋지요.

天元 그렇읍니다. 오늘은 저희들을 위하여 선생님께서 문제를 내주신다고 하셔서 기대하고 있읍니다.

大竹 편안하게 문제를 생각해 주십시오. 보통 당신이 바둑을 둘 때와 같이. 저도 함께 공부할 생각입니다.

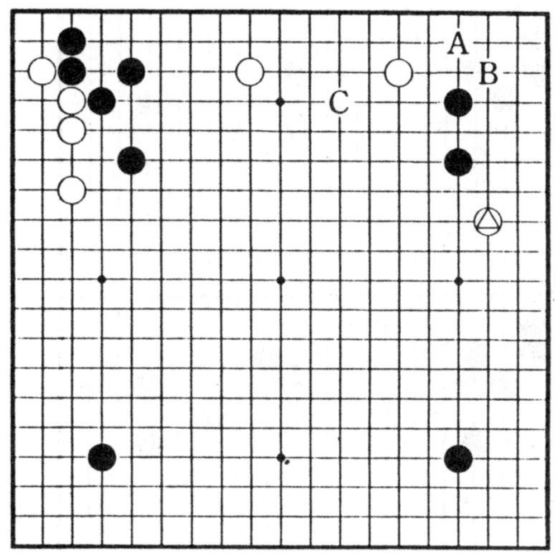

제 1 문 주도권은 뛰어들기부터

大竹 이것은 저의 소년 시대의 바둑으로 木谷 선생과의 3점 접바둑입니다. 지금 백이 △으로 메꾸어졌읍니다. 그럼 흑의 다음 한 수를 생각해 보십시오.

天元 이 메꿈은 접바둑에서는 자주 나타나지요. 저도 자주 사용하고 있읍니다.

大竹 맞바둑에서는 좀 무리한 메꿈이지만 접바둑에서는 묘수만 놓을 수는 없으니까요. 이 포석에서도 △가 아닌 백A, 흑B, 백C로 지키고 있는 것이 좋읍니다만 △은 아래의 실력 타진을 해도 괜찮겠지요.

天元 그러면 윗쪽으로 끼어들라는 것이군요.

星子 구석 흑 2점은 괜찮을까요?

大竹 흑 2점은 한 칸 뜀으로 강하므로 강력하게 싸울 것을 생각해 주십시오.

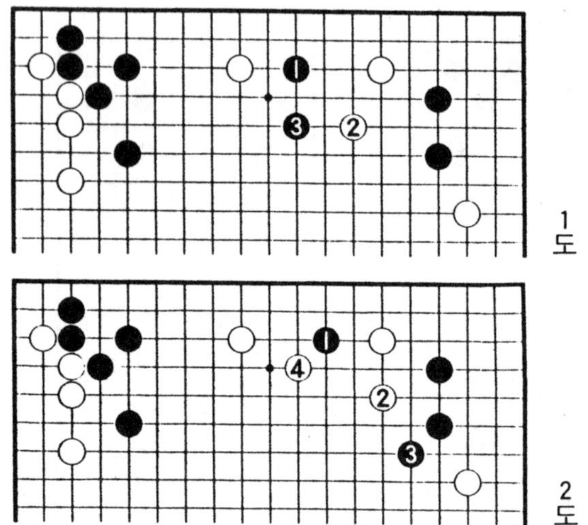

뛰어드는 장소는 여러 가지 있으나

天元 정해는 뛰어드는 것이지요?

大竹 그렇습니다. 그러면 天元씨 어디로 뛰어들겠읍니까?

天元 그것은 모르겠읍니다.

星子 전혀 모르겠읍니다.

大竹 뛰어드는 것은 알았는데 장소를 모르겠다. 그러면 두 사람 합쳐 70점이군요. 1도 흑1의 뛰어들기가 좋습니다. 이것이 강하지요. 백2는 흑3과 싸웁니다.

星子 웬지 위험한 것 같은데요.

大竹 위험한 것은 백쪽. 잘 보십시오. 좌상 구석의 흑돌이 강하지요? 싸움이 진전되어 가면 두터운 맛이 작용합니다.

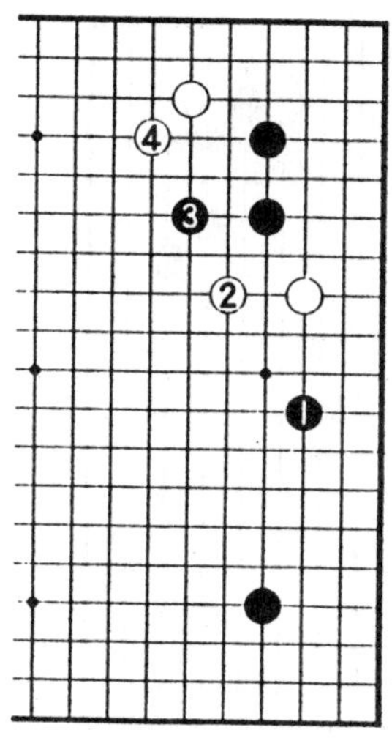

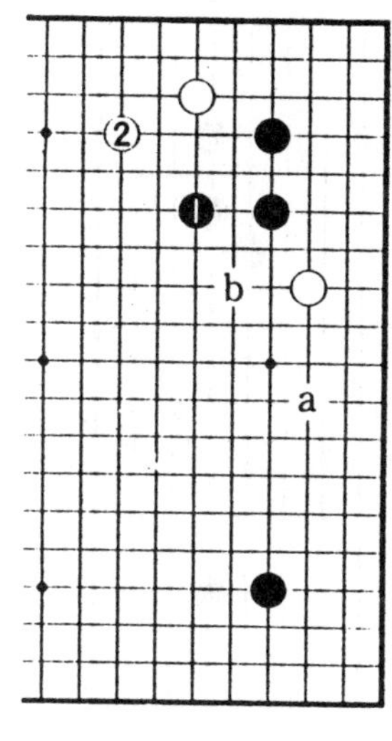

3도   4도

天元 과연, 그러면 일로 오른쪽으로 붙이고, 2도 흑1은?

大竹 백2의 뻗음에 흑3이 절대. 봉쇄되어서는 곤란하니까요. 그리고 백4에 걸려 흑의 고전이 예상됩니다.

天元 단 일로 차이라도 매우 달라집니까?

星子 뛰어들지 않으면 안되나요?

3도의 흑1로 협공, 백2에 흑3의 뻗음은? 이렇게 놓으라고 배웠읍니다만.

大竹 훌륭한 방법입니다. 그러나 이 경우는 백4로 윗쪽을 지킬 수 있읍니다. 나쁜 방법은 아니지만 조금 미지근한 방법입니다.

天元 몇십년 전의 책에서는 4도 흑1이 강하다고 쓰여져 있읍니다.

大竹 정말? 그렇다면 흑a, 백b로 바꾸어 흑1, 즉 星子

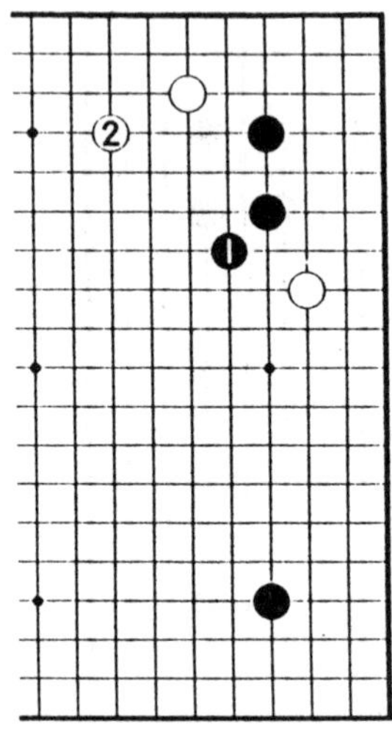

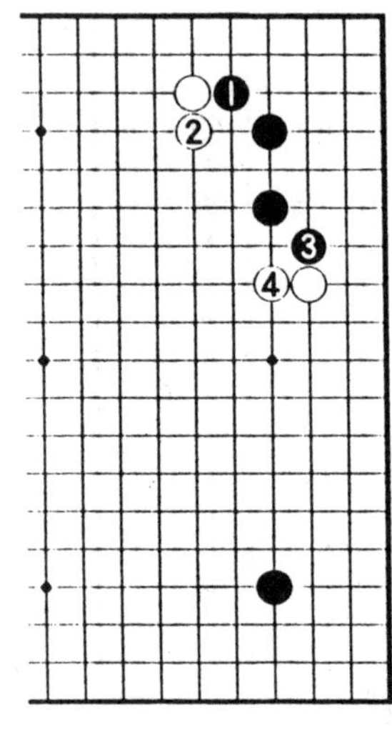

씨의 3도의 방법이 좋겠지요. 3도는 상황이 좋고 4도
는 상황이 나쁩니다.

　星子　상황이 좋다……

　大竹　메꿈으로 백에 뻗은 다음 흑으로 뜀. 그 방법이 리
듬감이 있지요. 4도는 웬지 희미하고 리듬감이 없기　때
문입니다.

　星子　어렵군요.

　大竹　이치가 아닌 그 느낌을 잡는 것이 중합니다. 상황
감각, 리듬 감각은 포석에서는 매우 중요한 것입니다.

　天元　5도의 마늘모는 미지근하지요? 그런 것은 상관
없다는 책도 있읍니다만……

　大竹　으음 그렇군요. 특히 이 포석에서는 백2를 지킬
수　있으니까요.

　天元　6도의 양쪽 마늘모 붙임은 나쁘다. **星子**·라면 이

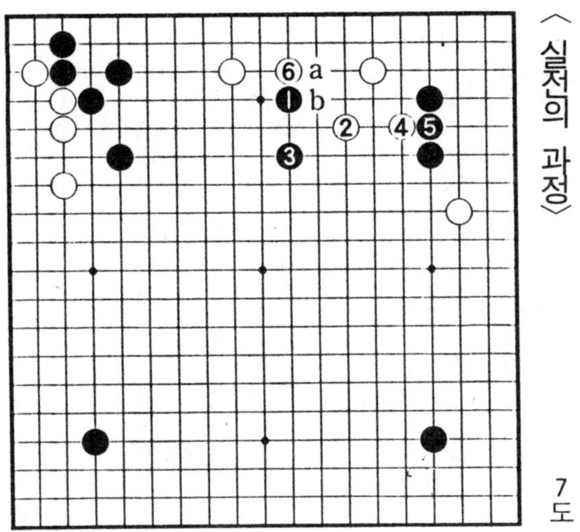

렇게 놓을 것입니다.

　星子　그렇게 놓지 않아요. 백을 굳히도록 하겠어요.

　大竹　글쎄요, 6도는 군더더기이지요? 그리고 1도가 정해입니다만 저는 그렇게 놓지 않겠읍니다. 7도 흑1로 높이 뛰어들겠읍니다.

　天元　이 뛰어들기도 강한 것이겠지요?

　大竹　아니요 대감점입니다. 백2, 4부터 6에 붙여서 백은 이것에 걸쳐잇는 것입니다.

　天元　흑a라면 백b의 끊음입니까.

　大竹　그러므로 흑은 무엇을 놓은 것인지 모릅니다. 무엇을 위하여 뛰어든 것인지 모릅니다. 어린이 시절의 바둑이라고는 하지만 상당한 것입니다.

　星子　그 정도입니까?

　大竹　이 실전도와 1도를 비교해 보십시오. 7도가 어

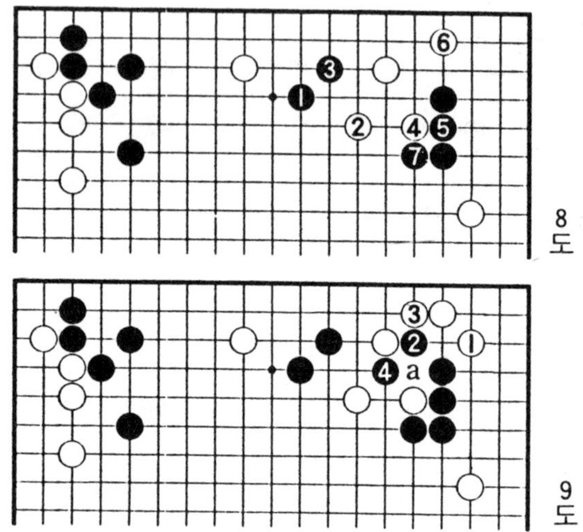

8도

9도

떻게 찬스를 놓쳤는지 알게 될 것입니다.

　天元　과연, 분단하여 백을 공격하려고 빤히 보이게 걸쳐 잇는군요.

　大竹　게다가 흑은 이미 한가지 과오를 범하고 있읍니다. 8도 흑1, 백2로 전진할 때 흑3으로 마늘모 넘기를 해서는 안됩니다. 이것도 분단 작전. 백4·6 때 흑7의 구부림이 기분 좋은 급소가 될 것입니다.

　天元, 星子 ……

　大竹　예를 들면 9도 백1이라면 흑2·4!

　天元　앗, 백a로 넣지 않는다.

　大竹　백은 이 맥을 지킬 좋은 수가 없읍니다.

　天元　뛰어들기는 '3선이 강하고 4선은 약하다' 라는 말이 있지요.

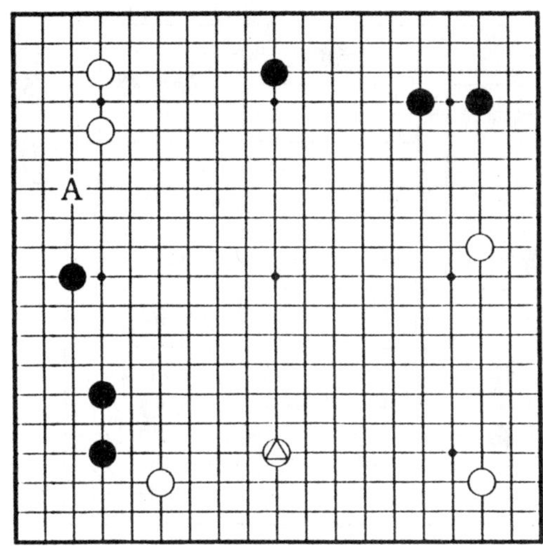

제 2 문 모양을 지운다

星子 大竹 선생님도 어린 시절에는 그런 실패를 했었군요.

天元 안심했어.

大竹 안심하십시오. 지금도 종종 어리석음을 범하니까요.

天元 하하하, 농담을. 그러면 다음 문제는?

大竹 坂田 선생님과의 바둑에서 지금 △ 에 에워쌓였을 때입니다. 자 다음 수를 생각해 보십시오. 제일 먼저 감이 잡히는 곳은 어디입니까?

星子 너무 넓어서 잘 모르겠읍니다.

天元 좌상 흑A인가? 한 칸 굳힘의 끝으로는 이것이크지요?

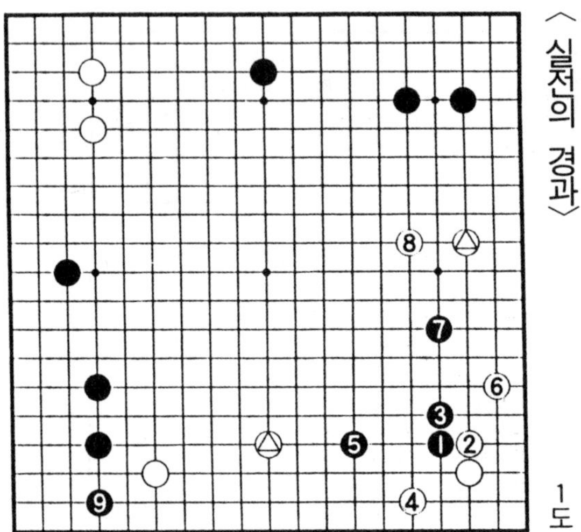

3·3을 에워싼 걸쳐 당기기

大竹 天元씨의 답은 좋은 선(線)입니다. 한 칸 굳힘의 끝이므로 분명히 크다. 95점이나 100점을 드리지요.

天元 아아, 大竹 선생님도 저와 같이 놓으시다니!

大竹 저는 1도 흑1의 어깨 올림입니다.

星子 아, 그것은 저도 알고 있읍니다. 3·3에서 양쪽으로 벌어져 있을 때는 어깨 벌림이 좋지요.

大竹 이 경우 △이 양쪽에 벌어져 있읍니다. 그러므로 어깨 벌림이 사라지게 됩니다. 즉 이 어깨 벌림은 포석의 원칙이라고 할 수 있지요.

天元 흰 무늬를 지우려는 것이지요.

大竹 흑7 까지는 정석. 일단 백의 위치를 낮추는 것으로 성공입니다. 백8의 벌림은 요점.

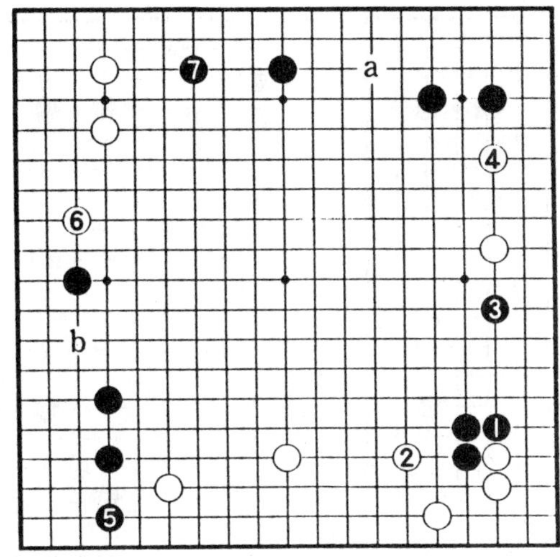

　　지우러 오는 흑의 숫자를 겨냥하고 있읍니다. 그때 흑은 좌하 구석 흑9로 굳힙니다.

　　天元　어느 편이 좋읍니까?

　　大竹　아직 우열을 가릴 단계가 아닙니다. 좀더 진행되어 가는 것을 보아야 하지요.

　　星子　흑1에서 7까지는 정석이군요.

　　天元　2도 흑1로 눌러 넣기는 아닙니까? 언젠가 저는 이 눌러 넣기를 넣은 적이 있읍니다.

　　大竹　좋은 말씀을 하셨읍니다. 흑1은 확실히 성립되었읍니다. 백2에서 흑3으로 3칸 벌리기를 했으니까요. 그 다음은 백4에서 흑7까지 서로 포석의 요점을 점령하게 될 것입니다. 그리고 백은 a나 b의 뛰어들기를 겨냥하여 그 주위에서 중반 싸움으로 들어갈 것입니다. 실전도와 2도 그 어느 쪽이 좋다고는 말할 수 없읍니다.

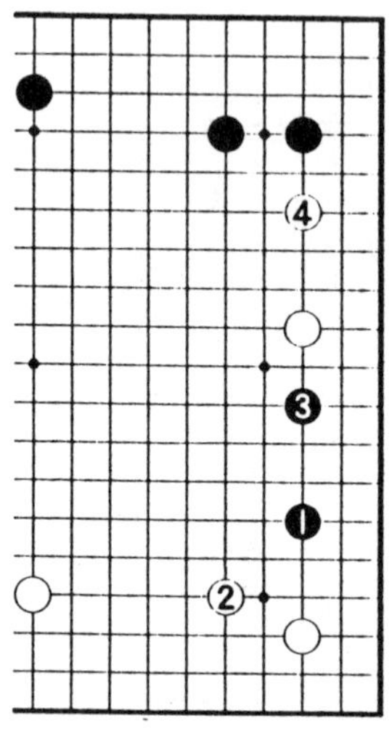

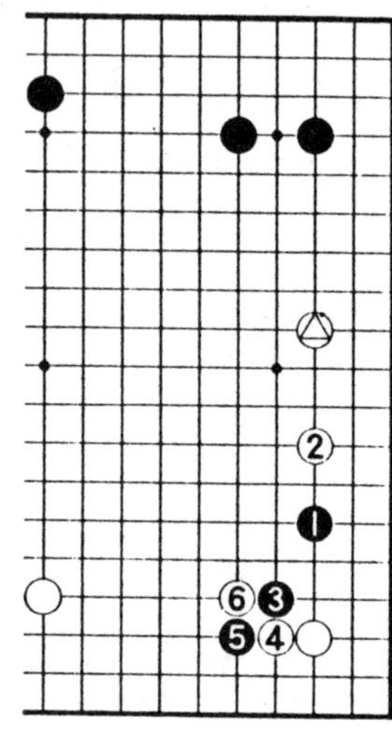

星子 3·3에서 양쪽으로 뻗은 모양에는 어깨 붙임으로 지운다. 이것은 잘 알았읍니다. 그러나 반드시 어깨붙이기로 해야 합니까?

大竹 말하자면.

天元 그렇다면 이 경우에는 어깨붙임이 가장 좋군요.

大竹 아니요. 포석이라는 것은 넓으므로 天元씨처럼 단정지을 수는 없읍니다. 星子씨, 예를 들면 어떻게 놓으시겠읍니까?

星子 3도 흑1의 뛰어들기……

大竹 백2라면?

星子 흑3으로 두 칸 벌리기를 하겠읍니다. 이렇게 두 칸 벌리기를 하면 새로운 형이 되지 않읍니까?

大竹 그렇읍니다. 백도 4로 뻗어서 당당한 포석이 됩니다. 그것은 4도 백2로 끼워지게 될 지도 모르는 것입

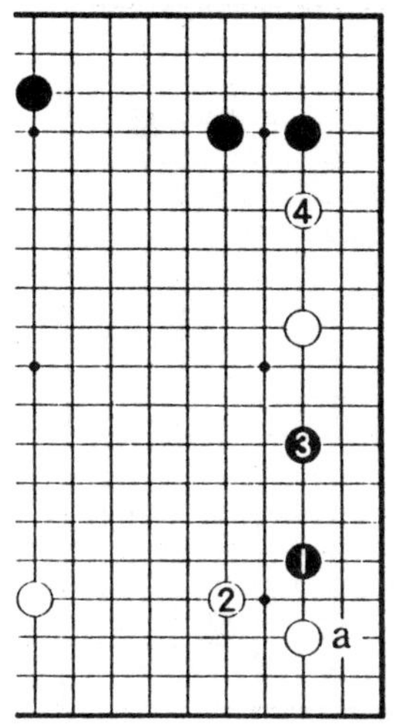

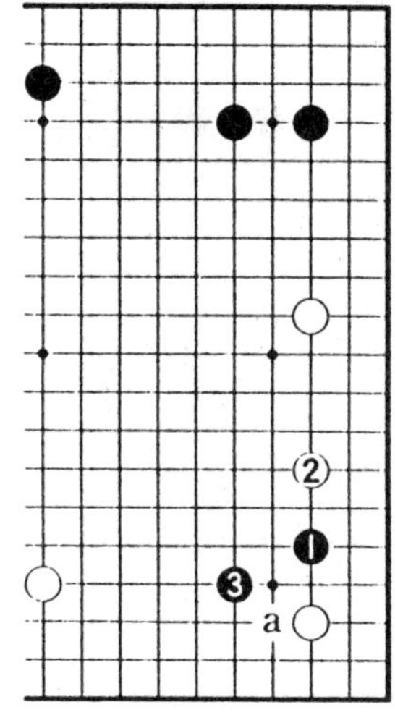

니다.

　天元　역시 星子는 대단해.

　大竹　백2로 끼워지면 흑3으로 놓아도, 흑4로 붙여도 풀기가 좀 어려워질 것입니다.

　星子　뛰어들기는 역시 없지요?

　大竹　**5도** 일로(一路) 아래에 붙여 흑1로 뛰어들어보면 어떨까요? 백2에서 흑3으로 벌린 이 형은 장래 a에 붙이는 수가 있으므로 **3도**로 벌리는 것이 편합니다.

　星子　그러나 아까 大竹 선생님께서 말씀하신 것처럼 **6도** 백2로 끼우면?

　大竹　그때도 **4도**에 비해 유리합니다. 흑3 또는 a에 붙여 벌리는 것이 편하니까요. 즉 **4도**의 뛰어들기는 어중간하게 됩니다.

　天元　그러면 **5도**의 흑1은 좋은 수입니까?

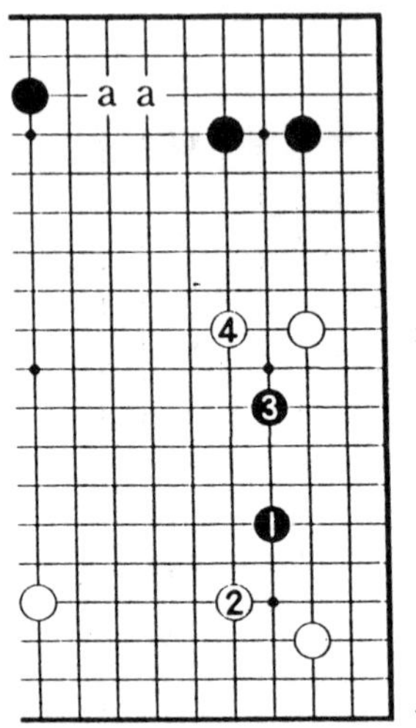

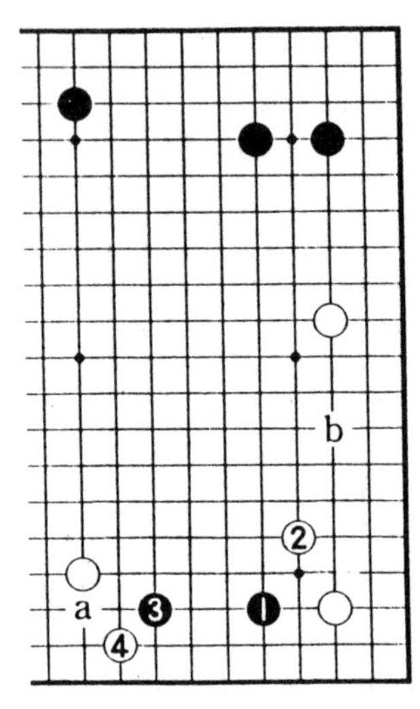

大竹 훌륭한 수입니다. 다만 실전의 어깨 벌림에 비하면 좀 달라지겠지요. 좋고 나쁨을 딱 잘라 말할 수는 없읍니다.

天元 어깨 붙임은 '이 한 수'라고 생각했읍니다만 역시 포석은 넓다는 것입니까? 그러면 7도의 흑1은 어떻읍니까? 백2에 흑3으로 벌리면……

大竹 같은 두 칸 벌리기라도 4선은 조금 불안정합니다. 5도쪽이 안전합니다. 그리고 또 하나, 백4로 뛰어 공격하는 것을 볼 수 있읍니다. 그러면 백돌이 돌아오기 때문에 윗쪽 a의 뛰어들기로 돌려지는 것입니다.

天元 아, 그쪽도 관계가 있읍니까? 그러면 8도의 흑1은 어떻읍니까?

大竹 그렇지요. 이것도 있고 저것도 있어 성가십니다만 이 바둑에서는 백4, 또 백a로 공격을 하지요. 이 공격을

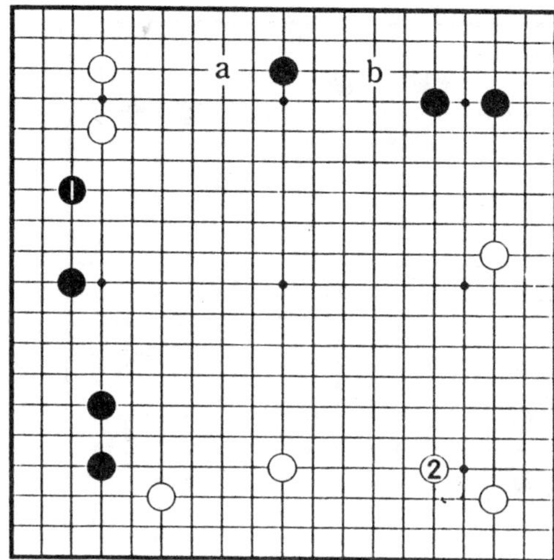

하는 한 b방면은 백의 땅이 됩니다.

  星子 b쪽이 백의 땅이 된다고요! 아직 확실치 않다고 봅니다만.

  大竹 아니요, 이 그림은 우변이 백의 땅이 되는 형세입니다.

  天元 그러면 9도 흑1은 어떻읍니까? 이것은 제 생각으로는 좋은 바둑이라고 생각됩니다만.

  星子 뻐드렁니 같아요.

  天元 그렇지만 아까 선생님은 100점을……

  大竹 그렇습니다. 이것은 좋은 점수입니다. 백은 우하 백2로 모양을 조이든가, 백a로 붙여 b의 뛰어들기를 보든가……

  天元 그러면 10도 흑1 쪽부터 붙이는 경우도 있읍니까?

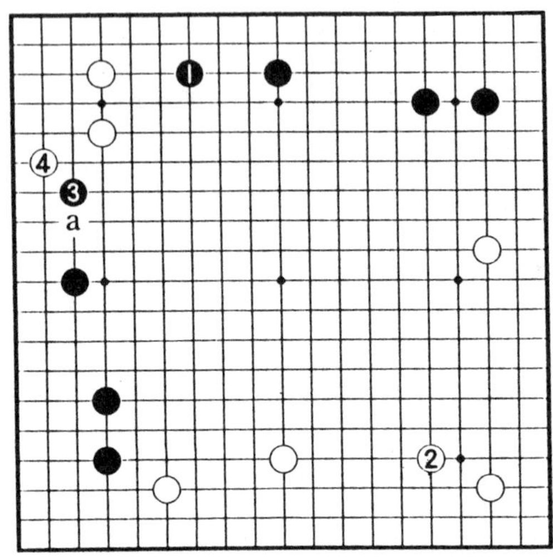

　大竹 자주 있읍니다. 백은 모양을 강조하려면 역시 백 2의 굳힘. 흑 3의 붙임에는 백 4로 받아둡니다. 백 2에서는 a로 붙여 두는 것도 좋습니다.

　天元 그러면 9도에서도, 10도에서도 100점입니까? 선생님은 우하 지우기로 향하고 있군요.

　大竹 즉 좌상은 흑이 어디부터 붙여도 균형이 잡히지요, 균형이라면 서두를 필요는 없읍니다. 그러므로 정하지 않은 것입니다.

　星子 균형의 장소는 곧 놓을 필요가 없군요. 저희들은 무엇이건 곧 놓아버리지요.

　大竹 남겨 두는 것입니다.

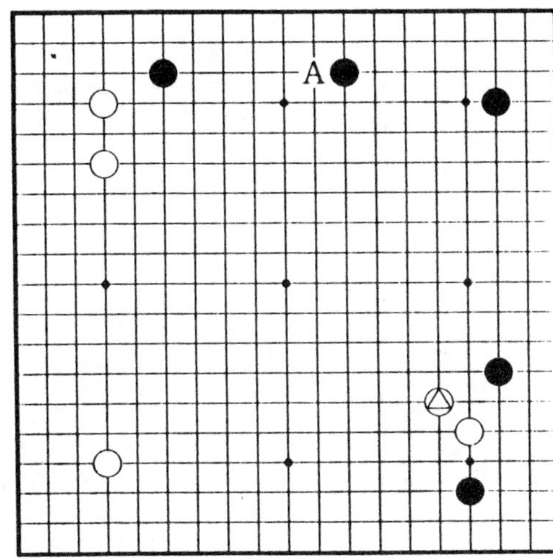

제 3 문 정석의 사용 방법

大竹 포석에서 중요한 것은 전체적인 구도, 흐름을 잘 보아 착수를 정하는 것입니다.

天元 星子씨도 그런가요?

大竹 초단급인 天元씨도 주의해 주십시오. 당치도 않은 조잡한 모양을 만들지요? 지금 ⊘로 넘긴 상태입니다만 다음 수를 생각해 보시지요.

天元 윗쪽은 흑돌이 A가 아니고 한길 오른쪽으로 치우쳐 있군요.

大竹 흑A라면 보통 미니 중국류. 상대는 한길 취향인 것 같습니다.

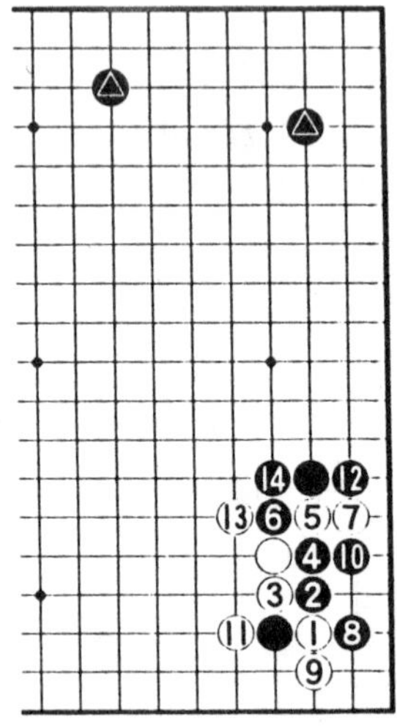

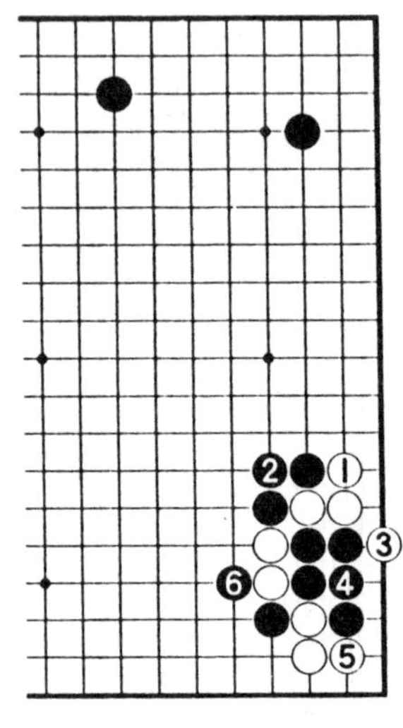

모양을 가장 중시

星子　정해를 알고 싶읍니다만 그 전에 질문이 있읍니다. 백이 넘었다고 하셨는데 이 마늘모로 **1도** 백**1**에 붙이는 수는 없읍니까?

大竹　어떤 정석이 있읍니까?

星子　그러니까 흑**2**에서 흑**14**까지의 정석이 있읍니다.

天元　응? 그런 것도 알고 있어. 굉장하군, 굉장해.

大竹　天元씨, 이 경우 **1도**는 어떻지요.

天元　정석이므로 호각이겠지요.

大竹　좀더 민감해 지십시오. 정석이니까 어떨 것이다 라는 생각을 가져서는 좋은 포석을 놓을 수가 없읍니다. 잘 보십시오. 우상에 ●의 두 점이 있지요?

星子　흑의 모양이 커지는군요.

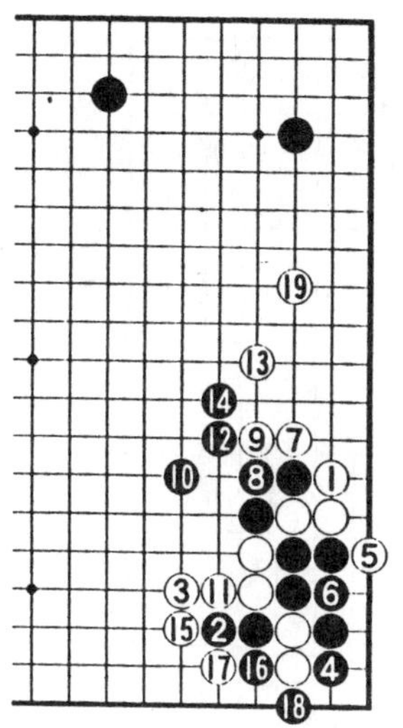

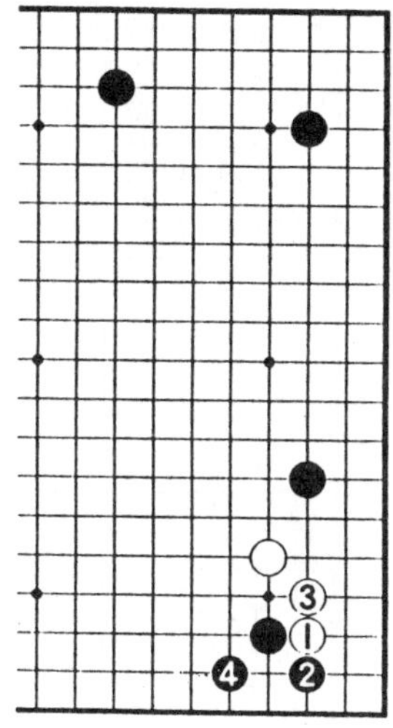

3
도

4
도

大竹 그렇읍니다. 이 그림은 흑의 주문대로, 부분적으로 는 호각에 가깝지만 정석의 사용법에 문제가 있읍니다.

天元 이 정석은 축과 관계가 있는 것 같군요.

大竹 그렇읍니다. 백은 가능하면 **2도** 백1로 구부리고 싶어합니다. 그런데 흑2가 따르고 있고, 흑6의 축이 백 에게 불리합니다. 때문에 백1의 구부림은 놓지 않읍니다. 백5와 상대할 시기는 이때뿐입니다.

星子 머리가 복잡해 지는군요. 그러면 처음으로 돌아가 서 **4도** 백1에 흑2·4는 안되나요?

大竹 흑이 서툰 것 같읍니다. 역시 **1도**를 기하는 것이 좋을 것 같은데요?

天元 백의 마늘모 문제는 이정도로 해 두고 슬슬 정해 를 가르쳐 주십시오.

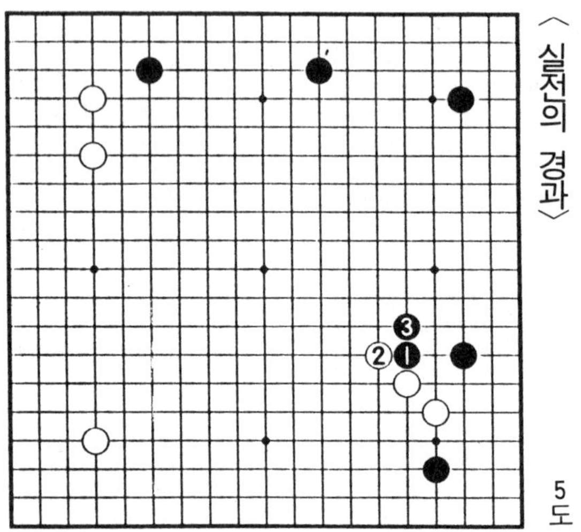

大竹 제가 가르쳐 주는 것이 아니고 天元씨와 星子씨가 생각해 보는 것입니다.

天元, 星子 ……

大竹 이 단계에서는 아직 돌의 수가 적습니다만 그래도 포석의 성격, 특징이 이미 나와 있읍니다. 흑은 우상 구석을 중심으로 모양을 크게 만들어 가고 있읍니다. 이것이 이 포석의 포인트입니다.

星子 우하만의 문제가 아니군요.

天元 점점 알 것 같읍니다. 우상 방면의 모양을 부풀리듯이 우하에 놓아야 하겠군요.

大竹 꼭 그렇게 하지 않으면 안된다 하는 정도는 아니지만, 아무튼 부풀린다는 기분으로 놓아가야 합니다. 상대는 5도 흑1·3으로 붙여 뻗었읍니다.

天元 과연.

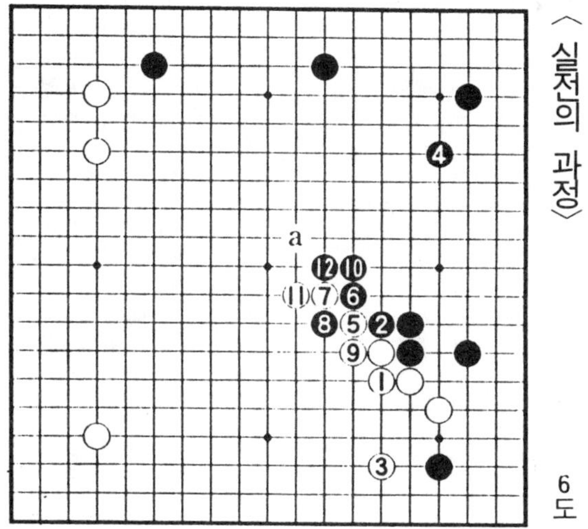

星子 조금 알 것 같습니다.

大竹 알 것 같다 하는 정도면 좋습니다. 그 기분을 중요하게 간직해 주십시오. 실전은 **6도**와 같이 진행되어 갑니다. 백 1·3 때 흑은 4로 일단 모양을 수축시킵니다. 백 5·7로 2단 젖히고……

天元 굉장한 모양의 뻗음이군요. 백도 아래가 커지는 것 같은데요……

大竹 세력이므로 어쩔 수가 없습니다. 백 11에 흑 12로 구부려 놓아도 나쁘지는 않습니다만, 흑 12 쪽이 강합니다. 백의 메꿈을 잡아 흑 8을 살리려는 것입니다.

天元 모르겠군요.

星子 모르는 것 투성이……

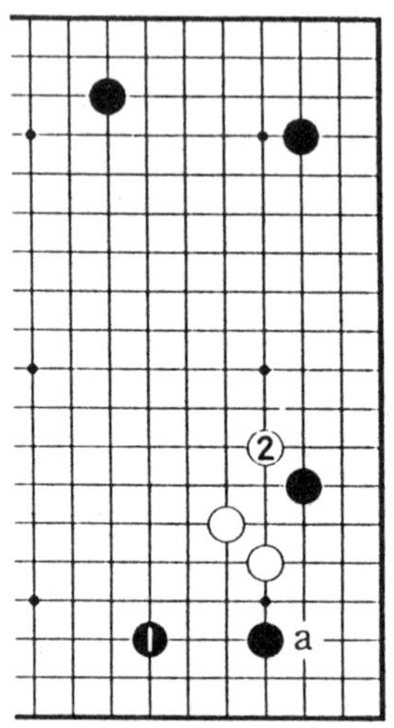

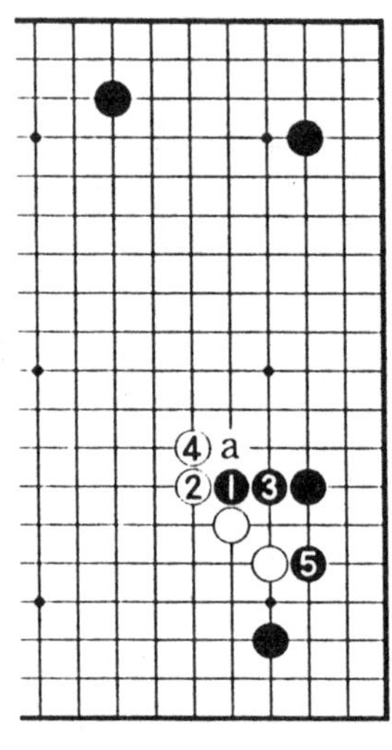

大竹 무엇이든지 물어 보십시오.

星子 7도 흑1이 정석이라고 책에서 읽은 적이 있읍니다.

天元 모양을 크게 만들어 간다는 것을 설명해 주십시오.

大竹 7도는 이 때 적절하지 않읍니다. 백2의 걸침, 또는 백a로 놓일 것입니다. 흑1은 모양이 아니고 땅으로 갈 때의 놓는 방법입니다.

天元 8도 흑1에서부터 a로 뻗는 실전의 진행은 처음 보았읍니다. 정석책에서는 흑3의 봉 이음이 실려 있었읍니다. 백4 뻗어 끊음, 흑5 건너기…… 이것을 즐겨 놓았읍니다.

大竹 봉 이음은 건너려는 수입니다. 그러나 이 정석은 그다지 좋지 않읍니다. 특히 이 바둑에서는 백4의 뻗어 끊음이 절호, 흑의 큰 모양화는 바랄 수 없읍니다.

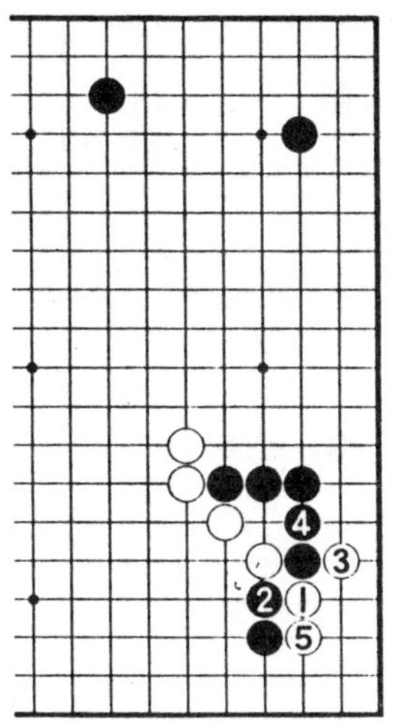

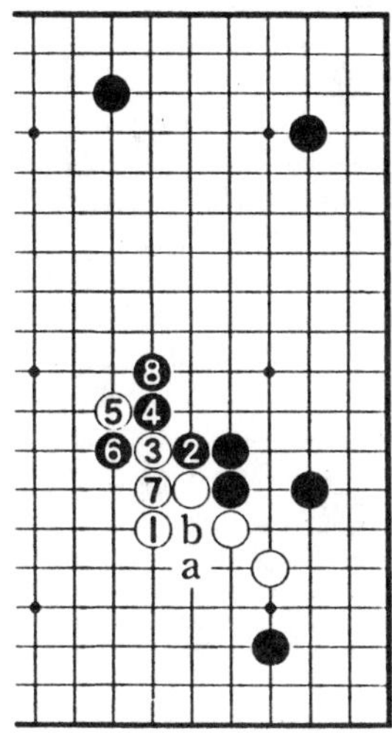

　天元　백 4 가 그렇게 호점입니까? 이해가 잘 가지 않읍니다.

　大竹　너무 땅만 생각해서는 안됩니다.　포석의 시대에는 '땅 보다도 요점' 입니다.　9 도, 이 다음 백에는 1 이하 5 의 겨냥이 있읍니다만 곧 놓지 않고 장래를 위하여 남겨 두는 것입니다.

　天元　아, 그렇읍니까? 구석은 완전치가 않군요. 그리고 또 한가지 이해가 되지 않는 것이 있읍니다. 10 도 백 1 로 걸치는 편이 좋지 않읍니까?

　大竹　역시 백 3 · 5 로 떨어져 있지요? 그 때 흑 6 에 백 7 로 붙이는 것은 좋지 않읍니다.　흑 a, 백 b 를 상정해 보십시오.

　星子　경단 같아요.

　天元　그러면 이런 방법은 어떻읍니까? 붙이지 않고 11

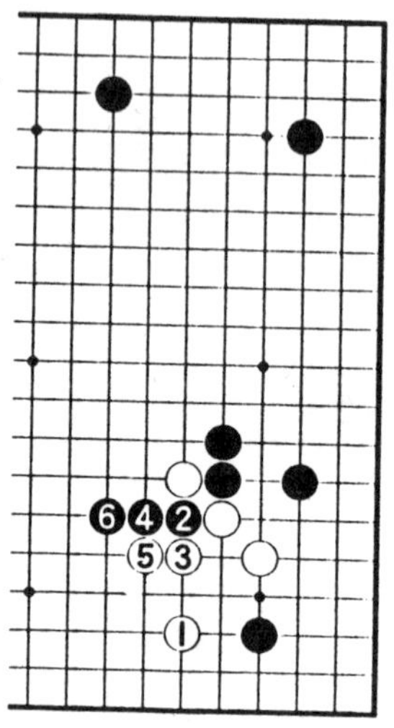

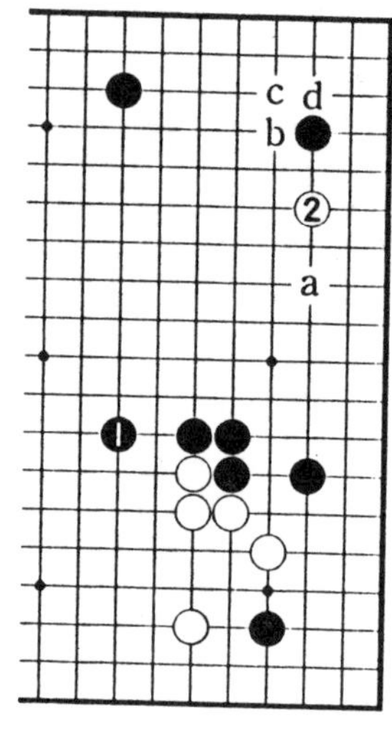

도 백 1 로 구석을 공격하면.

  大竹 흑 2 로 끊기지요. 백이 막으면 흑 4 · 6 으로 뻗어 모양이 커지지요? 구석의 문제는 이 포석에서는 작은 것입니다. 2 의 장소는 급소의 끊김입니다.

  天元 그렇게 모양이 중요하다면 **12도** 흑 1 로 간다면? 실전은 흑 1 로 일단 모양을 조이고 백은 2 단 젖힘.

  大竹 좋읍니다. 흑 1 의 뜀은 뻗음에서 수가 나옵니다.

  星子 너무 넓지 않읍니까?

  大竹 그렇지 않읍니다. 흑 1 이라면 백 2 로 들어가겠지요? 흑 a에는 백 b, 흑 c, 백 d의 수습이 있고, 전연 다른 바둑이 될 것입니다.

  이 그림에서도 흑은 놓을 수 있을 것입니다.

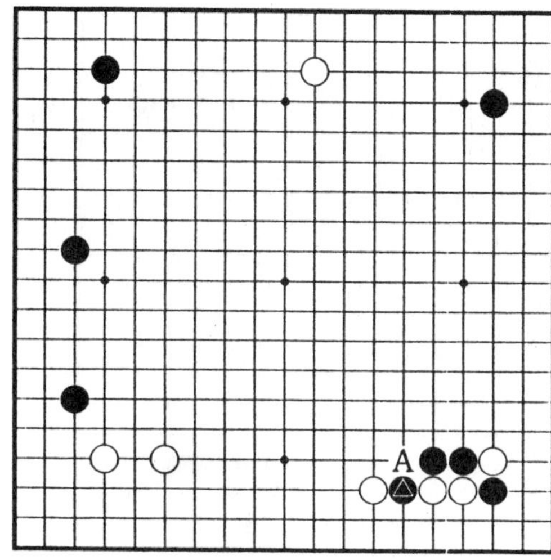

제 4 문 정석의 갈림길

大竹 그러면 다음 문제로 가지요. 나의 차례로, 지금 ●
으로 끼어들어간 참입니다. 이것에 대해 백은 두가지나 세
가지의 응수를 생각할 수 있읍니다. 어느 것이 정해인지
확실한 결론을 내기 어려운 장면입니다. 그러므로 실전은
어떻게 놓을 것인지 백의 응수 주변을 탐색해 보도록 합
시다.

天元 정해가 확실치 않다고 하니 그것은 편하군요.

星子 이 정석은 아까 나왔지요. 저라면 곧 백A로 놓겠
읍니다.

天元 당신은 이 정석을 알고 있으니 좋겠어. 알고 있다
면 무엇이든 즐겁게 놓지. 하지만 나도 A로 놓겠어. 星子
를 따라 하는 것 같아서 좀 내키지는 않지만……

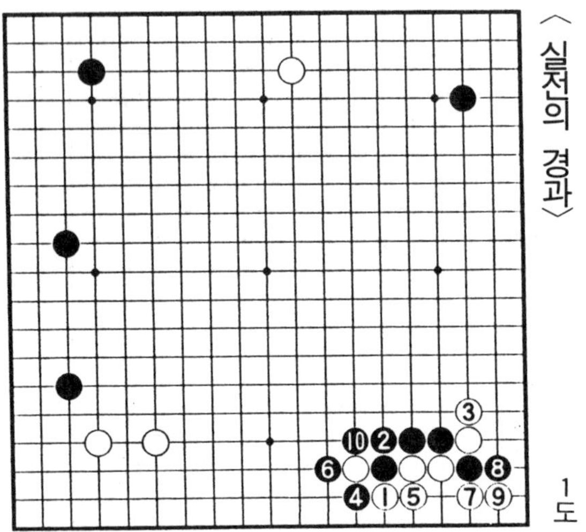

흑이 두텁다

　大竹　두 사람의 의견이 일치하였군요. 윗끊음은 일반적인 방법이지요. 실전은 **1도** 백1로 아래에서 놓아 갑니다.

　天元　좀처럼 보기 힘든 수로군요.

　大竹　경우에 따라서는 중요한 수입니다. 백3의 뻗음이 긴요합니다. 흑4로 붙여 6의 축 유리. 흑10의 뺌까지의 갈림길이 됩니다.

　星子　축이 유리한데 흑10으로 뺍니까?

　天元　하하하, 현재는 축이 유리하지만 이런 곳은 빼는 것이 좋읍니다. 빼어 두지 않으면 빼고 싶어도 뺄 수 없게 되지요.

　大竹　그렇읍니다. 그리고 星子 씨, 백9가 중요한 한 수

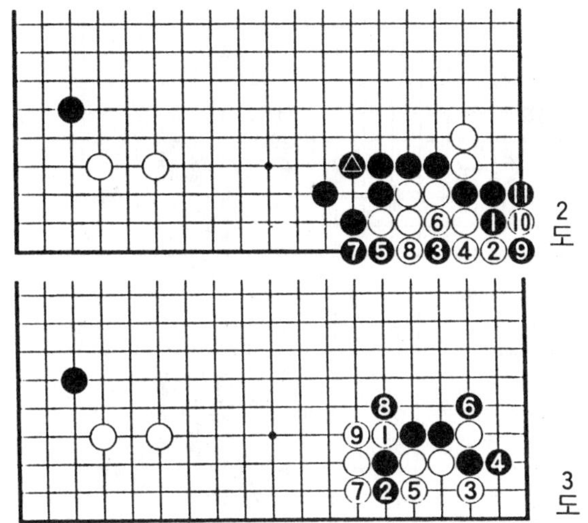

입니다. 이것을 놓치지 않으면……

天元 大竹 선생님 제게 맡겨 주십시오.

2도 뺌 다음 흑1로 긴 끼움을 했읍니다. 백2에 흑3을 놓읍니다. 흑9·11까지.

大竹 잘 했읍니다. 2도는 분명히 이용 가치가 있으므로 星子씨, 기억해 두십시오.

天元 1도의 결과는 어떻게 되었읍니까?

大竹 아, 경우에 따라 달라지는 것이지만 이 포석에서는 흑이 좋읍니다. 흑은 두꺼우니까요. 좌하 백의 한 칸 뜀도 발전성이 저지되어 있읍니다.

天元 그러면 백1의 아래 댐은 실패?

大竹 그렇다고 말할 수는 없읍니다. 실전과 같이 된다면 흑이 성공할 것이지만 도중에 유력한 변화가 있을 지도 모르기 때문입니다.

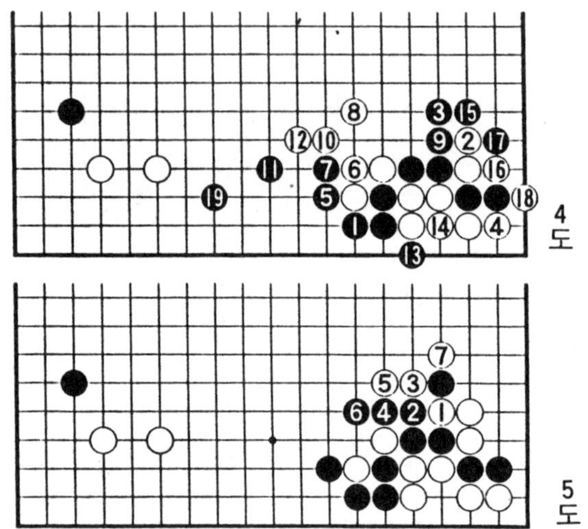

星子 저 그 전에 3도 백1은 안됩니까? 백9까지의 정석……

天元 저도 이렇게 놓고 싶은데요.

大竹 3도는 그런대로 훌륭합니다. 그러나 전체적으로 이 그림은 백이 아래로 치우쳐 있읍니다. 백은 그것을 싫어하고 있을 지도 모릅니다. 게다가 이 바둑에서는 **4도** 흑1로 구부러져 갈 지도 모릅니다. 흑19의 메꿈이 호점이기 때문에 흑에게는 불만이 없을 것입니다.

天元 흑1의 구부림은 축이 유리하다는 것이 조건이지요. 과연 이 바둑에서는 백2에서 6을 메꾸지 않을 수 없겠군요. 하지만 다른 정석이 있지 않읍니까?

大竹 어떤 것이지요?

天元 4도 백6 다음에서 5도 백1·3으로 나가는 것입니다. 백7까지 정석이지요?

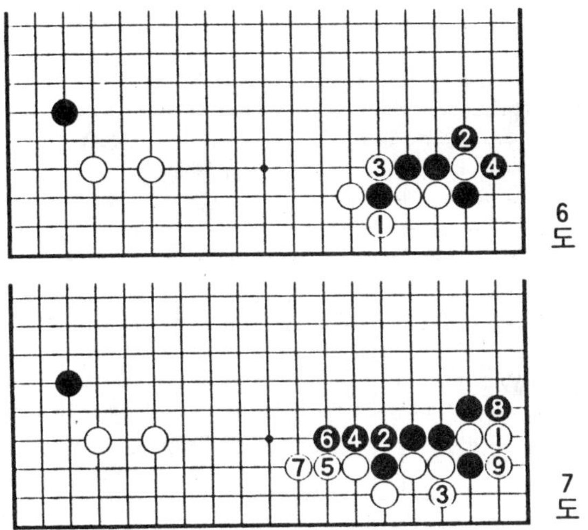

6
도

7
도

大竹 그렇게 생각하십니까?

星子 이것은 백이 좋다고 생각합니다. 백의 땅은 넓으니까요.

天元 그렇읍니다. 백이 좋을 것입니다.

大竹 그렇게 생각하십니까? 하지만 사실은 엉망입니다. 이 나눔, 백이 한 수 많은, 확실히 흑이 유리한 나눔입니다.

天元 예? 그것 놀랍군요. 이 그림은 백이 불리한 것입니까?

大竹 天元씨도 星子씨도 언젠가 그것을 알게 될 것입니다. 아마츄어 고단자가 되면 말입니다. 그런데 6도 백1 때 흑2로 맞대는 것도 있읍니다. 1도에서, 축에서 흑이 불리할 때 흑2로 맞대었읍니다. 세력 백3, 흑4는 호각입니다.

天元 7도 백1이라고?

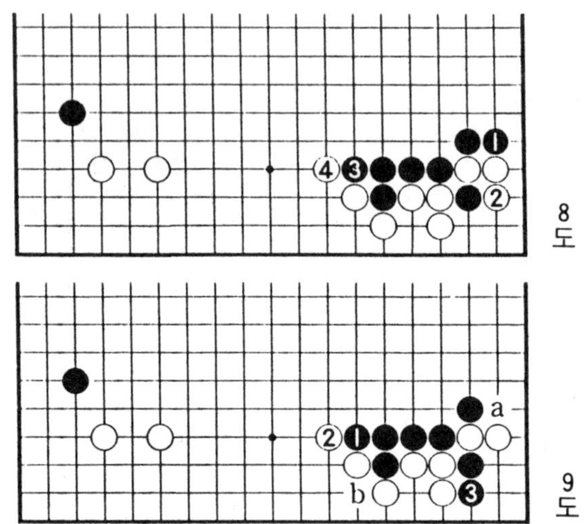

大竹 흑2 다음 4·6을 놓고 흑8을 누름. 더욱 흑은 오른쪽으로 크게 벌어지게 될 것입니다.

天元 과연, 이것은 흑을 두껍게 하는 것이군요. 축의 꿈이 있으니까……

大竹 7도는 흑4 밀기와 흑8 누르기의 순서가 중요합니다.

天元, 星子 …… ?

大竹 즉, 8도 흑1의 누르기를 먼저 하면 흑3에 얌전하게 놓을 수 없게 될 지도 모릅니다. 백4로 2단에 젖혀지게 될 것입니다.

天元 하아, 9도에서는 흑1 누르기에 백2로 젖히면?

大竹 모르겠읍니까? 흑3이 성립합니다. a와 b가 균형. 그러므로 백2의 젖힘은 놓을 수가 없읍니다.

星子 순서가 중요하군요.

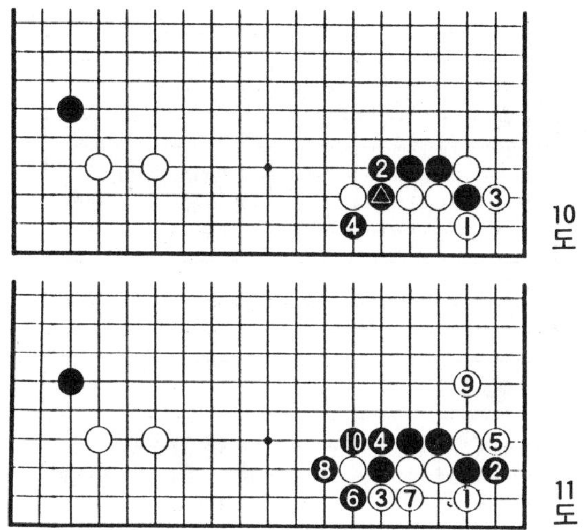

　　大竹　그런데 10도에 대하여 아직 다른 응수가 있읍니다. 윗끊기, 아래 대기 이외에 백1로 구석을 대어 보는 것도 유력합니다.

　　天元　네? 웬지 방향이 틀린 것 같은데요.

　　大竹　이것이 의외로 재미있는 것입니다. 흑2 다음이라면 백3이 놓여지고 흑4로 젖혀 한 단 내립니다. 흑4의 젖힘은 아주 중요한 한 수이므로 놓치지 말아야 합니다.

　　星子　앞의 6도와 조금 비슷한 것 같은데요……

　　大竹　아주 좋은 말씀입니다. 흑백 역이 되었읍니다. 이 그림은 결국 호각 나눔입니다.

　　天元　그렇지만 11도 백1의 대기에는 흑2와 차가 있는 것 아닙니까?

　　大竹　문제는 그것입니다. 흑2라면 백3의 대기에서부터 5를 취할 수 있겠지요. 흑6의 끊기에서 축에 걸어 백

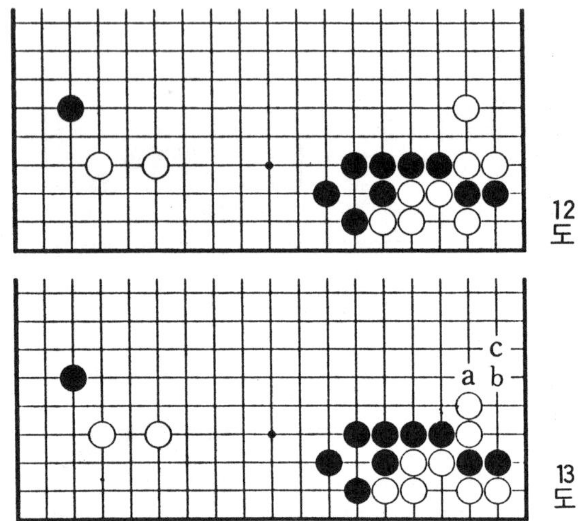

9, 흑10이 됩니다.

　天元　아, 이것은 실전의 경과와 비슷하군요.

　大竹　그렇읍니다. 즉 12도와 13도의 비교인 것입니다.

　天元　비슷한 것이군요.

　星子　조금 다른 곳이 있읍니다.

　大竹　비슷하기는 하지만 같지는 않읍니다. 실전 13도
는 장래, 흑a에 붙이는 것에 대한 겨냥이 남아 있읍니다만
12도에는 중요한 겨냥은 없읍니다.

　天元　흑a에 붙여라!

　星子　어떤 의미입니까?

　大竹　백b의 아래 젖힘이라면 흑c의 누름.

　星子　그런 것까지 생각합니까?

　大竹　실전의 13도 보다 12도가 조금 유리합니다. 그러
므로 10도 백1의 대기는 유리한 것입니다.

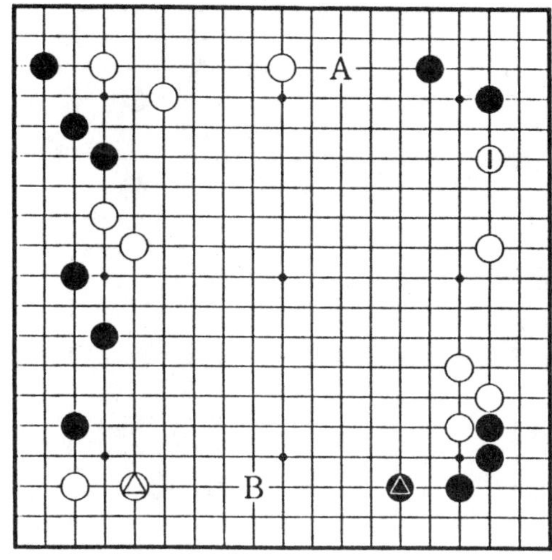

제 5 문 중반 (中盤)으로의 전망 (展望)

大竹 여러 가지 변화가 계속되고 있기 때문에 이번에는 변화의 작은 감각 문제를 다루어 보지요. 지금 백 1 에 메꾼 참입니다. 차례가 먼저인 저는 다음에 어디에 놓을 것인지 극히 상식적인 장면이므로 곧 알게 될 것입니다.

天元 백 1 은 좋은 메꿈이지요. 흑A인가?

星子 아래쪽이 매우 넓군요. 아래가 크다고 생각합니다. 흑B 근처의 벌림……

大竹 아닙니다. 星子씨는 엉뚱한 곳에 눈이 가버렸읍니다. 실제로 아래쪽은 가장 넓은 장소입니다만 ●와 △이 서로 낮게 단단히 놓여져 있지요. 때문에 이곳은 의외로 발전성이 없는 장소입니다.

天元 A도 정해가 아닌 것 같은데……

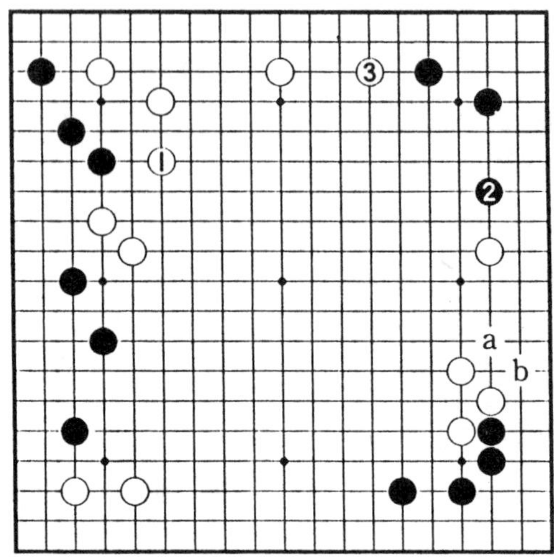

1
도

뜀이 중요

大竹　天元씨 앞 그림의 백1은 좋은 메꿈입니다. 그러나 1도의 백1도 유력했습니다.

天元　흑2에 메꾸는 것이지요?

大竹　네, 백도 3의 메꿈.

天元　흑a의 뛰어들기가 강력하지 않을까?　흑a, 백b…

大竹　그러나 아, 그것은 어쩔 도리가 없습니다.　대단한 것은 아닙니다.

星子　백1의 뜀이 그렇게 좋은 곳입니까?

大竹　네, 이곳에 머리를 댈 것인지 봉쇄할 것인지는 포석의 중대 문제입니다.

天元　하하하, '포석의 요점'이라는 뜻이군요.

大竹　실전은 2도 △에 메꾸는 것입니다.

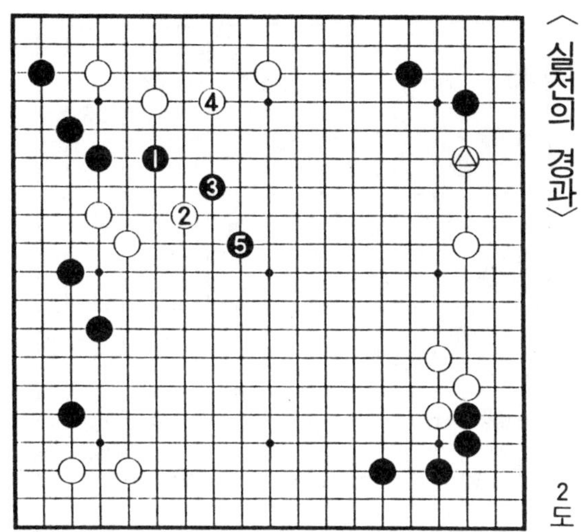

天元 흑1의 뜀은 정해입니까?

大竹 그렇읍니다. 저는 흑1에 놓았읍니다. 백2에서 5가 실전의 경과입니다. 흑이 놓기 쉬운 바둑입니다. 이렇게 된 것은 흑1을 놓았기 때문입니다.

星子 주변에 신경을 빼앗기다 보면 이런 '포석의 요점'을 자칫 놓쳐버리지요.

天元 저도 전혀 알아 차리지 못했읍니다. 주변의 수가 아니고 중앙의 수이니까요.

大竹 구석이나 주위에 있는 것만이 포석이 아니라는 가르침이지요. 좌상 구석은 두 칸 높이 끼우는 것이 기본 정석입니다. 정석 다음 이런 포석의 요점이 상당히 있읍니다. 그러므로 정석을 다 놓은 다음 이제 끝이다 라고 안심해서는 안됩니다.

星子 天元씨의 3도 흑1은 어떻읍니까? 이것은 변

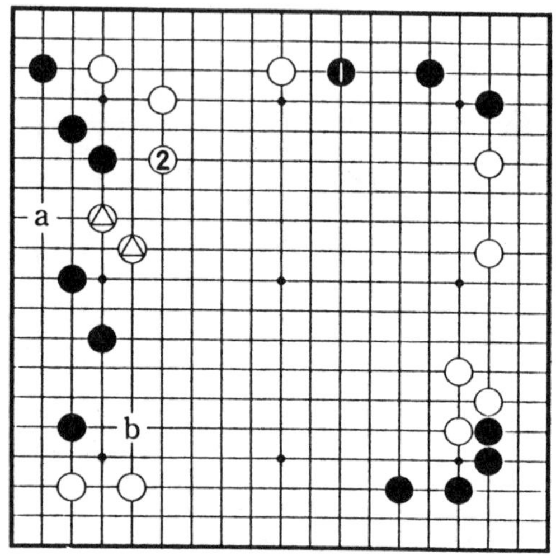

3
도

의 큰 곳이군요.

大竹 물론 두말 할 것도 없이 백2에 놓읍니다. 봉쇄를 계속하고 △의 두 점에 성원을 보냅니다. 오른쪽 주변의 상황도 느긋하게 해 둡니다. 백a의 뜀에서 b의 구부려 뜀 등, 나중에 좋은 수가 많이 생깁니다.

天元 백2도, 반대로 흑2의 뜀도 요점이라고는 할 수 없는 수이지요? 그러나 현재는 그렇지만 나중에 여러 가지 좋은 수가 나올 것입니다.

大竹 그렇읍니다. 말씀 그대로입니다. '두꺼운 수' 라는 것이 있나요? 두꺼운 수도 현재는 열매가 없읍니다. 그러나 정해, 반드시 유익함을 얻을 수 있을 것입니다. 그러므로 눈 앞의 것만을 생각하지 않도록 하십시오.

天元 당신, 특히 주의해야 해.

星子 당신이야말로.

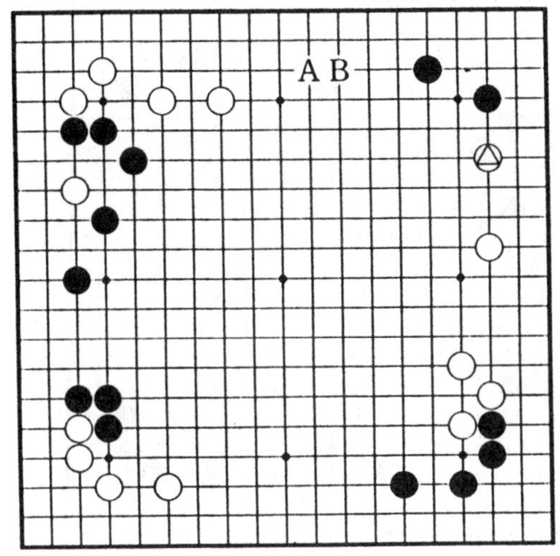

제 6 문 큰 곳 찾기

大竹 이번에는 조금 어려울 지도 모릅니다. 지금 ⬤에 메꾸고 있는 참입니다. 다음에 흑은 어떻게 놓을까요…

天元 ⬤의 메꿈은 저번과 같지 않습니까?

星子 왼쪽 반이 전혀 다릅니다.

天元 그렇다면 어디에 눈을 두면 좋을까? 아랫쪽은 시시한 것 같은데.

星子 지금 大竹 선생님께 배운 것. 흑과 백의 한 칸 뜀이 견고하고 위치가 낮기 때문에.

大竹 잘 기억하고 계시군요. 그러면 남은 큰 곳은?

天元 상변 주변. 흑A인가?

星子 저는 흑B.

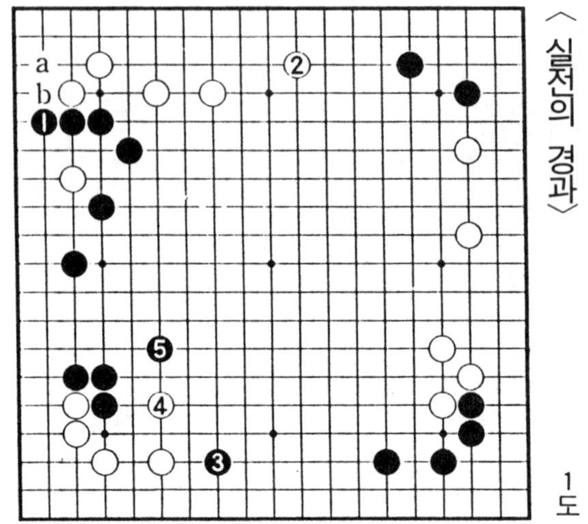

균형의 장소

大竹 두 사람 모두 좋은 선을 말씀하셨읍니다.

天元 윗쪽 벌리기가 정해입니까? 의외로 간단한 문제로군요.

大竹 저는 1도 좌상, 흑1에 내렸읍니다.

天元 예? 그것은 무엇이라고 부르는 수입니까? 작은 수인 것 같은데요.

大竹 아닙니다. 이것은 매우 큰 것입니다. 크기 때문에 놓은 것입니다. 백은 윗쪽 2의 벌림. 흑3, 백4, 흑5는 실전의 경과입니다.

星子 a의 뛰어 넣기가 남았군요. 이것은 크지 않읍니까? 저라면 백2로 곧 b에 누를 것 같은데……

大竹 그것은 좋지 않습니다. 백2의 큰 곳으로 돌리는

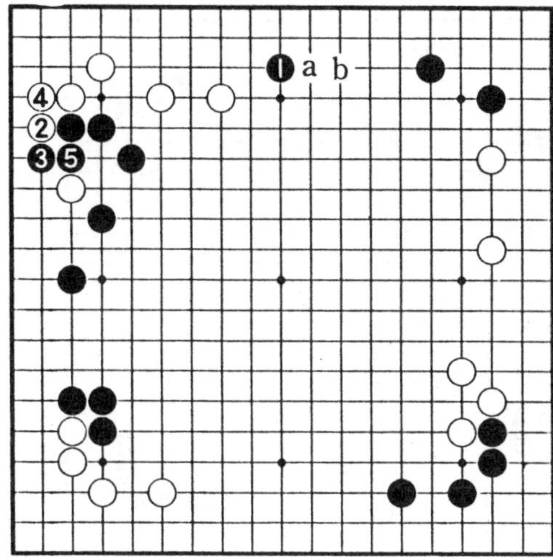

것이 좋습니다.

　天元　그러면 흑1을 내리지 않고 윗쪽을 벌리는 것은?

　大竹　2도 흑1까지 쫓읍니다. 두 사람의 a나 b는 조금 미지근한 것 같습니다. 흑1로 메꾸고 백의 끝을 겨냥합니다. 그러나 그렇게 되면 백2·4의 젖혀대기가 눈에 보입니다. 흑5로 붙여주는 것이 선수. 붙이지 않으면 큰 단락이 남게 되겠지요?

　天元　음 흑이 내려가느냐, 백이 젖혀대느냐가 큰 것이 됩니까?

　大竹　즉 윗쪽으로 균형이 잡히는 것입니다. 흑이 구석을 내리면 백은 위를 벌린다. 흑이 위를 메꾸면 백은 구석을 젖혀 붙인다.

　星子　균형이라면 어느 쪽을 놓아도 좋지 않을까요?

　大竹　네, 그러므로 2도도 괜찮읍니다. 다만 a와 b는 조

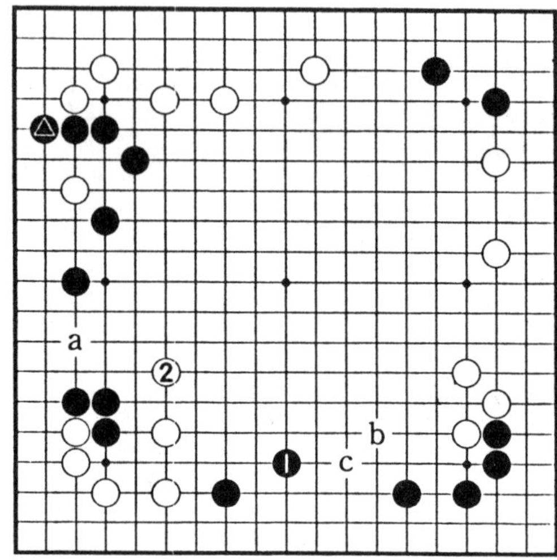

금 감점입니다.

　天元　생각지 않은 곳에 균형이 있군요. 그런데 1도 혹 3·5의 놓인 방법 말인데요. 3도 혹1로 에워싸여 버렸는데요.

　星子　저도요. 아래쪽은 땅이 되어 버렸으니까요. 혹1은 벌써 한길 오른쪽으로 간 것 아닌가요?

　大竹　놓는다면 혹1이지요. 그러나 그렇게 되면 백2의 뻗음이 호점이 됩니다. 이 뻗음이 생기면 좌변의 혹 모양은 모두 가늘어져 버립니다.

　星子　혹c에서 땅이 되면 좋을 것이라는 생각이 듭니다만……

　大竹　백b가 가면 우변의 백 모양이 커지겠지요? 좌상 ▲에 내려가는 경우도 있고, 1도처럼 모양을 올려가는 자연스러운 방법도 있읍니다.

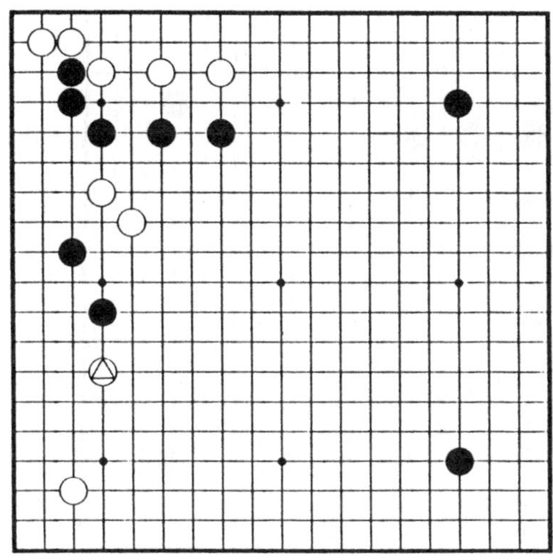

제 7 문 싸우는 장소

大竹 실례입니다만 여러분의 바둑을 보고 있으니 할 일
없이 시간을 보내고 있는 큰 곳이 눈에 띄는군요.

天元 부족하기 때문이지요.

大竹 포석 시대에도 싸울 장소에서는 싸워야 합니다. 반
대로 싸워서는 안될 곳에서 싸우면 곤란하지요.

星子 엉망이지요. 하지만 그것을 잘 알아 볼 수가 없읍
니다.

大竹 그러면 제 흑 순서로 지금 △에 메꾼 참입니다. 다
음 수를 생각해 보십시오.

天元 흑 2 점과 백 2 점, 서로 확실치 않읍니다.

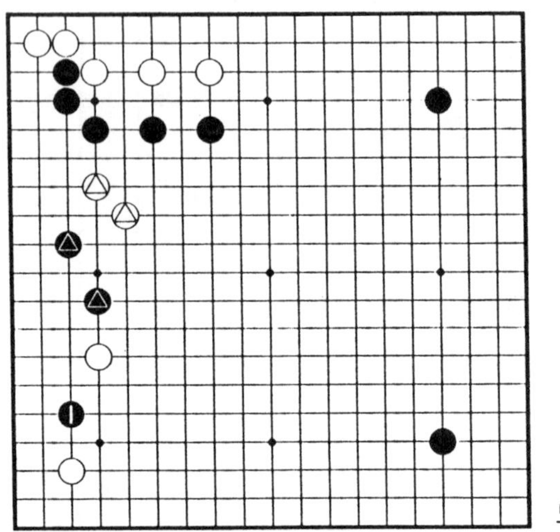

1
도

세 칸에 뛰어들기

大竹 정해를 먼저 말씀드리지요. 저는 **1도** 흑1에 놓아 보았읍니다.

天元 이것은 또 강력한 것이군요.

大竹 세 칸에 뛰어들기라는 것이 있으니까요.

星子 그렇지만 저는 이곳에 뛰어들 용기가 없읍니다. 大竹 선생님 △과 ● 의 두 점이 서로 싸우고 있는 것 같지요. 그쪽이 마음에 걸립니다. 그럴 때에 흑1로 어느 쪽을 뛰어 들다니……

大竹 그렇게 생각하는 것도 무리는 아닙니다. 실제로 이 뛰어들기는 ● 와 △ 의 싸움을 옆에서 노려 보고 있는 것 이지요. 뛰어들기로 ● 에 성원을 보내고 △ 을 죽이려고 ……

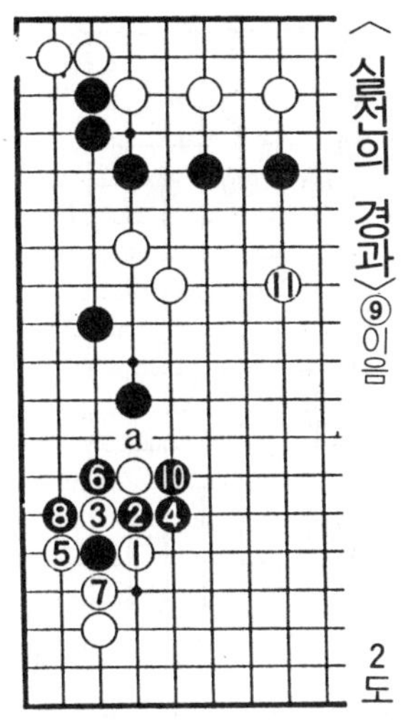

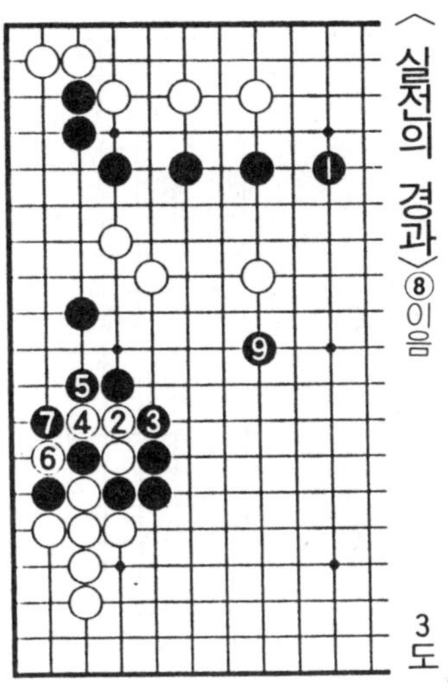

天元 '호랑이 굴에 들어가야 호랑이를 잡는다' 하는 뜻이군요. 이 뛰어들기 '오른쪽을 놓고 싶을 때는 왼쪽을 쳐라' 하는 요령인가요?

大竹 그렇읍니다. 그 요령입니다. 이 뛰어들기의 파문은 왼쪽 전체에 일게 될 것입니다. 실전은 2도와 같이 전진됩니다.

天元 흑10까지 두껍게 되었군요.

大竹 그리고 백11로 도주합니다. 이 백11은 단순한 도망이 아니고 a의 움직임을 노리고 있는 것입니다.

星子 아, 여러 가지를 생각하면서 놓아야 하는군요.

大竹 그런 다음 3도처럼 더욱 진전됩니다. 2도의 실전 순서를 머릿속에 넣어 두어야 합니다. 저는 한번 실패했지요.

天元 어느 수가 나오지 않던가요?

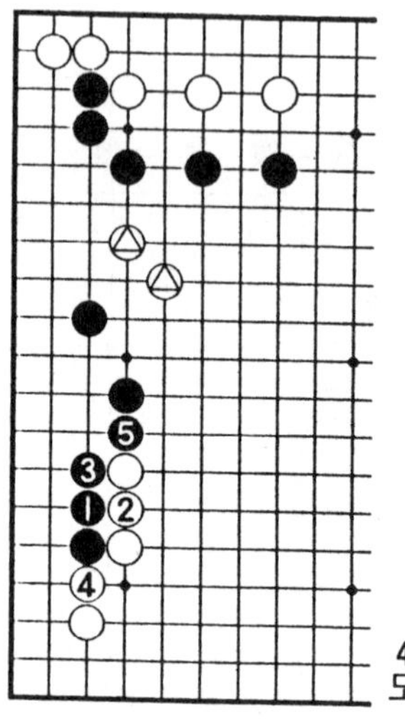 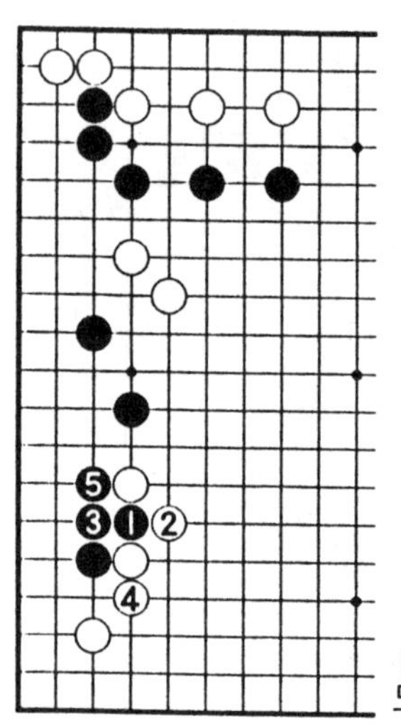

4
도

5
도

大竹 흑 10 으로 잡은 것은 두껍다고 할 수 있고 아무래도 진부한 느낌이 있지요.

星子 大竹 선생님 흑은 나누어 넣은 것인데요. **4도**, 나누어 넣지 않고 흑1로 뻗는 수는 안될까요?

大竹 그 다음은 어떻게 하실 생각입니까?

星子 으음, 그러니까 백2 붙이고, 흑3 걸쳐서……

大竹 백4, 흑5로 일단락입니다. 흑은 그렇게 놓을 수 있읍니다.

星子 네?

大竹 星子씨의 그림이 정해입니다. 앞의 **2도** 보다 이 방법이 분명합니다.

天元 星子도 훌륭한 말을 하는군.

大竹 저 보다 강합니다. 하지만 저도 **4도**처럼 놓지는 않았지요. **4도**는 흑이 △을 매섭게 노려보고 있지요? 이

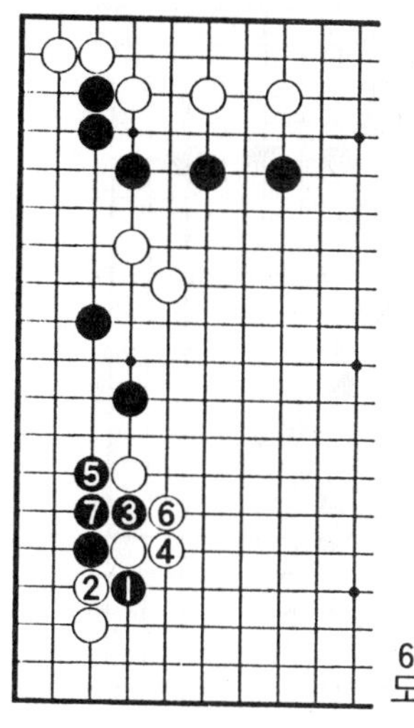

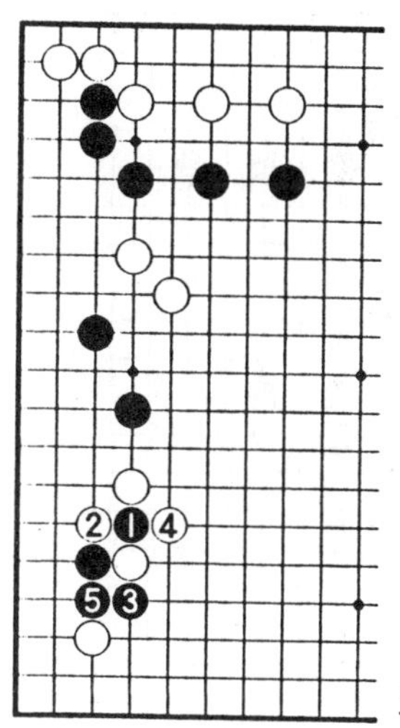

6도

7도

것으로 혹은 희망이 있는 것입니다.

天元 5도 흑1 때, 백2의 윗대기는?

大竹 흑3에 대고 5 걸치기. 4도와 비슷한 것이 되므로 혹이 좋습니다. 그러므로 백은 실전처럼 아래를 단단히 한 점 지탱하는 것이 좋을 것입니다.

星子 4도와는 달리 6도 흑1부터 가져가도 되겠지요?

大竹 흑7까지? 그것은 속된 맥입니다. 흑1의 돌이 쓸데없게 되기 때문입니다. 같은 값이면 4도의 방법이 좋읍니다.

天元 星子도 마각(馬脚)을 드러내었군.

星子 7도 흑1, 백2 때 흑3의 대기는 어떻읍니까? 구석을 어지럽힐 수가 있겠지요?

大竹 ……

天元 안될 것 같은데요, 大竹 선생님.

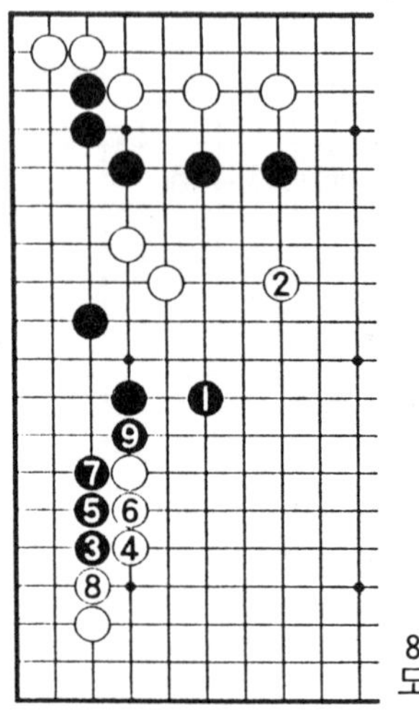

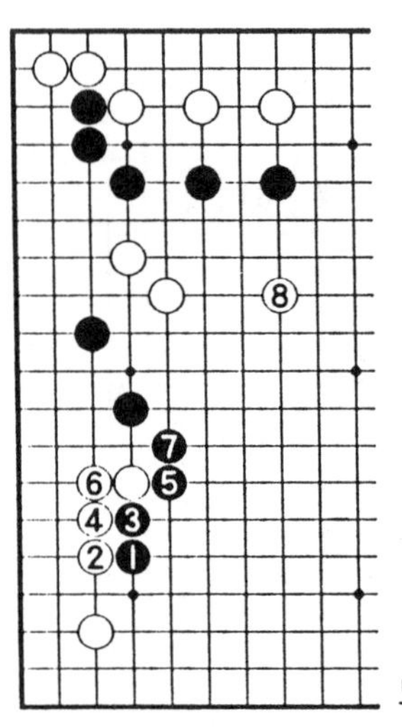

大竹 물론. 星子씨의 방법은 좋지 않습니다. 최악입니다.

天元 점점 더 속이 드러나는군. 그런데 처음 이 장면을 보았을 때 8도 흑1의 뻗음이 머리에 떠올랐읍니다. '한 칸 뻗음에 나쁜 수 없다' 라는 말이 있지 않읍니까?

大竹 나쁜 수는 아니지요. 다만 이 뻗음은 한가지 나쁜 점이 있읍니다. 그것은 흑3의 뛰어들기로 흑9까지 갔을 때 흑1, 백2의 교환이 신통치 않은 놓기가 되어버리는 것입니다. 즉 흑1, 백2로 놓아 버리면 흑3 뛰어들기에 박력이 없어진다는 뜻입니다.

天元 음, 어렵군요.

星子 같은 뛰어들기라도 9도의 흑1은 안되지요?

大竹 흑1은 뛰어들기라고 부르지 않읍니다.

天元 과연, 박력 제로로군.

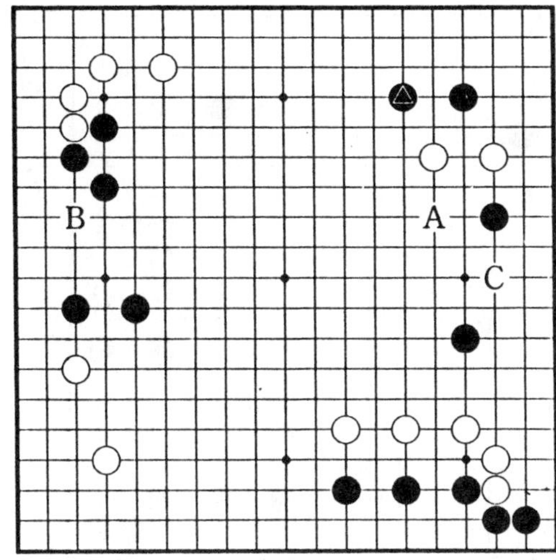

제 8 문 눈여겨 볼 곳

大竹 그러면 또 포석 공부를 해 봅시다. 지금 ●에 받았 읍니다. 백의 다음 수를 맞추어 보십시오.

天元 음 매우 넓은 장면이군요. 윗쪽도 아래쪽도 비어 있군요. 왼쪽 뛰어들기도 있고. 그러나 우상의 백 2점도 약 하고…… A나 왼쪽 B. 제 기풍이라면 백B의 뛰어들기. 이것으로 정했읍니다.

大竹 星子씨는?

星子 저는 앞 문제를 떠올려 C의 뛰어들기로 하겠읍니 다.

大竹 星子씨의 승리. C의 뛰어들기가 바로 정해입니다. 이것에 비하면 백A는 조금 미지근하지요. 또 좌변 백B는 아무리 기풍이라고는 하지만 그것은 무모한 짓입니다.

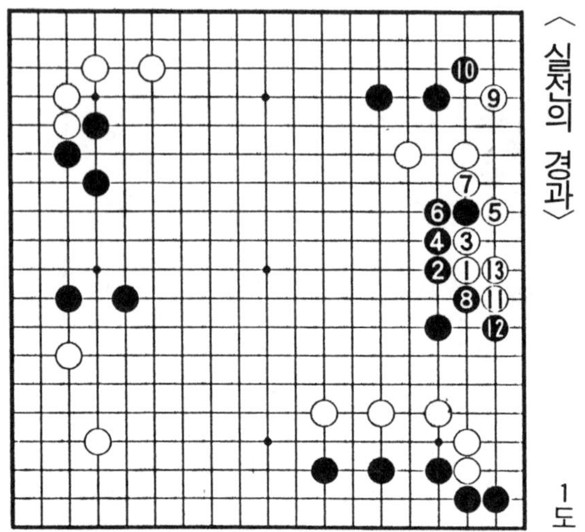

평정과 안정을 기하며

天元 졌읍니다. 하지만 설명을 듣고 보니 그것이 분명합니다.

大竹 1도 백1로 뛰어들기, 백13까지 일단락되었읍니다. 백은 안정시켰으므로 우선 일단은 성공했다고 보아도 좋겠지요. 흑도 어쩔 수 없을지도 모릅니다.

天元 한가지 방법도 없읍니까?

大竹 그렇지는 않읍니다. 여러 가지 변화가 있읍니다. 그 하나하나를 지금부터 연구해 봅시다. 실전의 순서를 잘 기억해 두기 바랍니다.

星子 기억할 수가 없읍니다.

大竹 하하하, 星子·씨는 정직하군요. 그러나 괜찮읍니다. 우선 백1로 뛰어들지 않고 다른 곳에 놓으면 어떻게 될

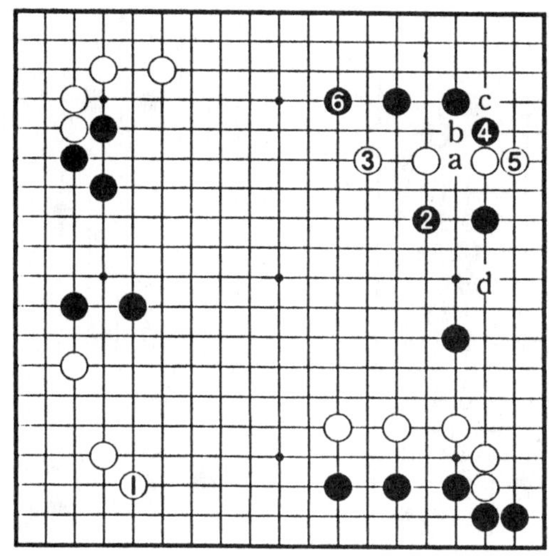

까 하는 문제가 있읍니다. 예를 들면 **2도** 백1.

　天元 백1이 그 중에서는 가장 유력하지 않읍니까?

　大竹 백1 정도의 것. 하변은 크게 내디딜만한 장소가 아닙니다. 그것은 좀 빗나간 곳이 아닙니까? 흑2로 나 오겠지요? 백3에 흑4·6이라는 식으로 주위를 굳히겠 지요? 이런 식으로는 공수를 바꿀 수 없읍니다.

　天元 흑 우세입니까?

　大竹 그렇다고 봐도 좋겠지요. 게다가 a의 젖혀 넣기에 의한 분단을 볼 수 있읍니다. 그것을 막고 백b, 흑c는 구 석을 굳히고……

　星子 그렇게 되면 d의 뛰어들기는요?

　大竹 그러면 뛰어든 다음의 싸움을 조사해 봅시다. 우 선 **3도** 백1일 때 흑2로 마늘모 붙여 놓는 수가 있읍니 다.

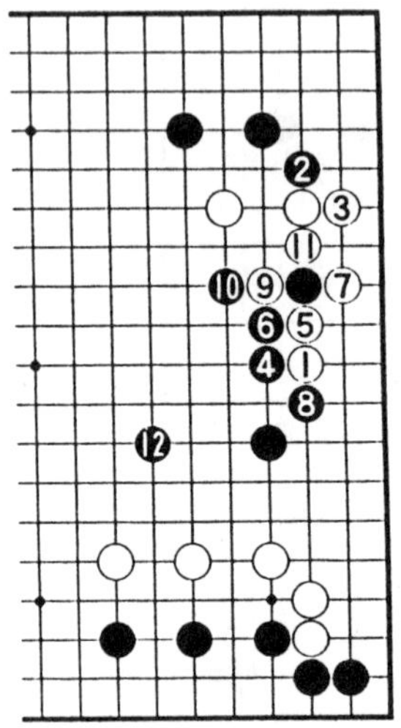 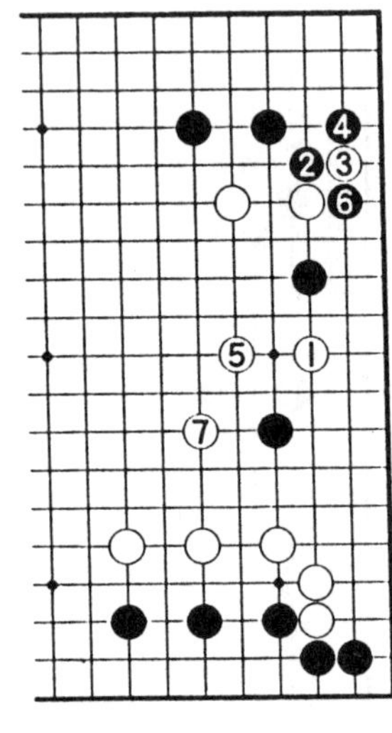

天元 웬지 소용없을 것 같은데요.

大竹 백3으로 내린다면 흑4의 붙임. 백5·7로 걸칠 때 흑8로 누릅니다. 백9·11로 빼도 흑2, 백3이 잘살 아 있는 것이 흑의 목표입니다.

天元 즉 백은 응고형이라는 뜻입니까?

大竹 그렇읍니다. 그런 뜻입니다. 그러나 백도 3으로 내려가지 않을 지도 모릅니다. 4도 백3의 젖힘 다음 백 5의 뜀은 바람직한 것입니다. 또 젖힘은 한수로 흑을 걸 치게 하지 않는 맥입니다. 흑6으로 끊었다면 백7의 봉 쇄. 이 그림은 흑이 조금 이상할 지도 모릅니다. 즉 마늘 모 붙임을 깜박 놓지 않았읍니다.

天元 그러면 질문하겠읍니다. 5도, 백은 a 이하 걸쳤읍 니다만, 백1의 갈라넣기는 어떻읍니까? 흑2라면 백3 에서 5로 이쪽에 걸칩니다.

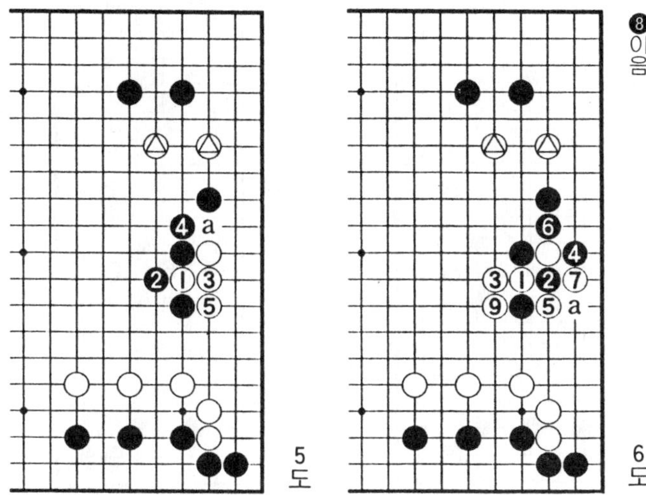

星子 △의 두 점이 약해지지 않을까요?

大竹 그렇읍니다. 그러나 갈라넣기에 대해서는 흑도 5도와 같이 평범하게 놓지 않을 것입니다. 6도 흑2, 4로 취합니다.

星子 그 방법은 앞에서도 나왔었읍니다.

大竹 이 수가 있기 때문에 갈라들어갈 때는 주의해야 합니다. 백9까지 떠맡아도 흑a의 끊음도 있고 백은 응고형의 느낌이 있읍니다. 그리고 흑이 힘이 붙으면 상대적으로 △의 두 점이 약해지는 것입니다. 그러므로 실전에서 백은 쓸데없는 짓을 하지 말고 윗쪽 △쪽으로 빨리 걸치도록 해야 합니다.

星子 머릿속이 복잡해 지는군요. 하잘 것 없는 것을 묻는 것 같지만 7도 백1·3 때 흑4로 누르는 수는 없읍니까?

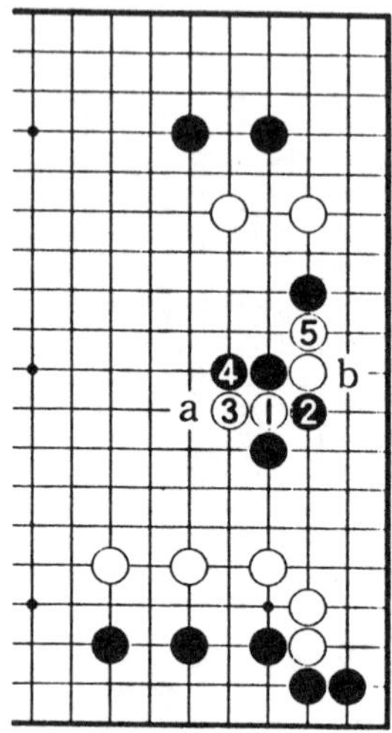

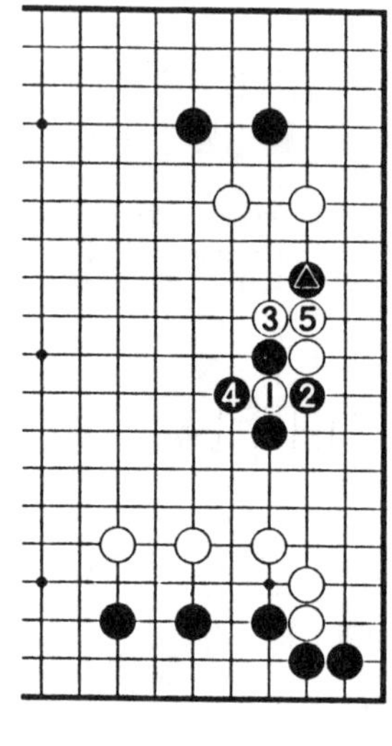

　天元　그렇읍니다.　그런 것을 어디선가 본 적이 있는 것 같읍니다.

　大竹　그렇게 놓는 케이스도 있읍니다만 이 경우에는 그다지 좋은 결과를 얻을 수는 없을 것입니다.　a의 축도 나쁘고……

　天元　흑4는 b에 안겨 있는 것입니까?　그렇다면 저도 시시한 질문.　8도 백1, 흑2 때, 백3·5라는 것은?

　星子　전에 大竹 선생님께서 말씀하셨어요. 이런 곳은 안 전성이 없다고.　하지만 ●의 돌을 취하고 있잖아요?

　大竹　星子씨, 이 그림에서 식지(食指)가 움직이고 있읍니까?　하지만 안됩니다.　이런 것을 놓으면 곧 백이 져버립니다.

　天元　그러면 다음 전진에서 9도 같은 걸치기에서는 왜 백1로 놓지 않읍니까?　흑2로 붙여야 하지 않나요?　그

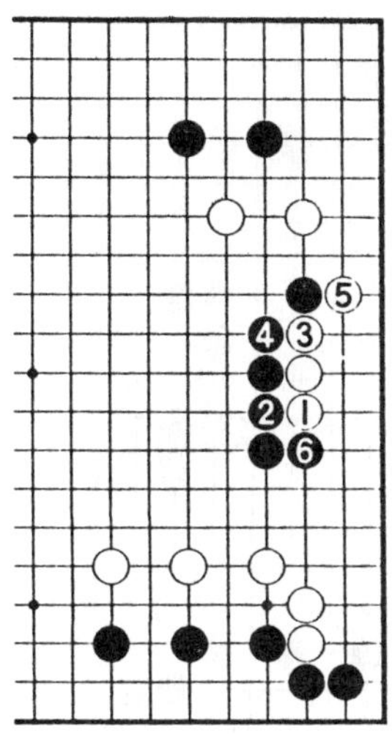

9
도

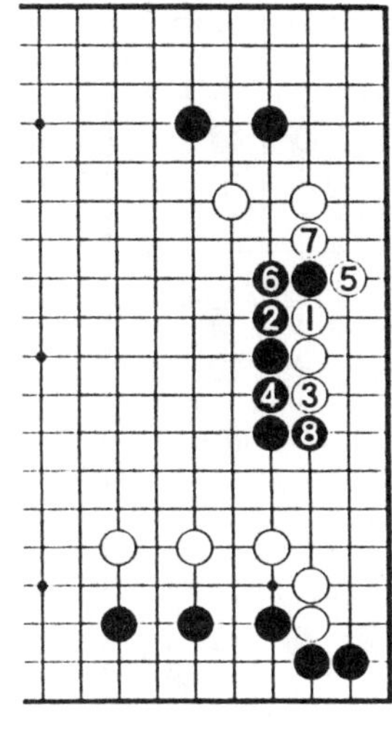

10
도

리고 백 3 · 5 로 걸쳐집니다.

　大竹　星子 씨 어때요?

　星子　9 도의 방법이 좋을 것이라고 생각합니다.

　大竹　그것은 착각입니다.　백 1 은 흑 2 로 붙혀 흑을 굳히려고 합니다.　흑 2, 흑 6 의 형과 실전의 1 도를 비교해 보아 주십시오.　실전은 빼기가 두 개 놓여져 있지요?　9 도는 흑이 두껍게 되어 있읍니다.

　天元　과연.　그러면 10 도 실전처럼 백 1, 흑 2 로 놓은 다음에도 백 3 으로 뻗는 것은 좋지 않군요?

　大竹　그렇읍니다.　백 5 에 대해서 흑 6 으로 붙이든가 단순하게 흑 8 로 누르든가 하는 것은 자유입니다만.

　天元　11 도 실전은 일단 2곳을 붙인 다음 흑 1 로 눌렀지요.　갑자기 흑 1 로 누르는 것은?　백 2 로 끊어 취합니까?

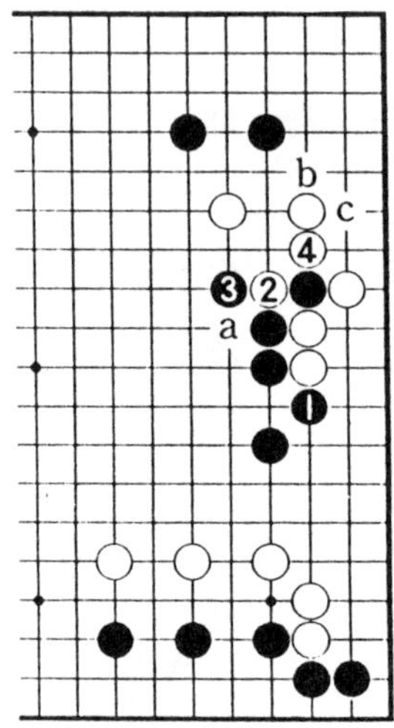

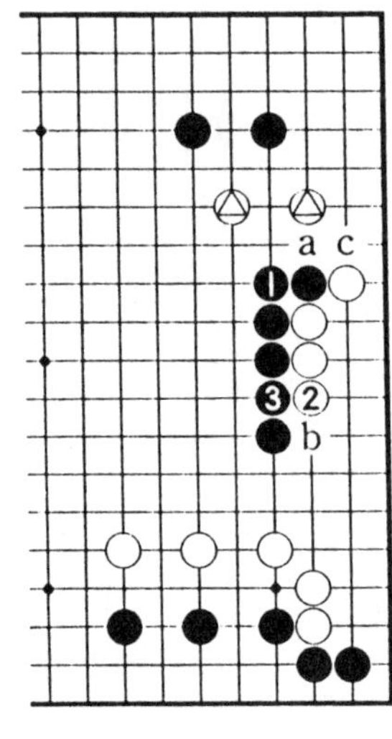

　　大竹　그렇읍니다. 이 그림은 a의 결함도 남고, 흑이 좋지 않읍니다. 이것에 흑b, 백c가 첨가된 그림은 앞에서 나왔지요. 흑이 살아 있었읍니다.

　　星子　12도 흑1로 연결되는 것이군요. 백은 a와 걸쳐져 있읍니다만 백2로 뻗는 것은?

　　天元　그것은 아까도 나왔었읍니다. 흑3 다음과 바꾸어 흑을 강화시킨다. 흑3, 백a, 흑b가 되는 것이지요?

　　大竹　그렇읍니다. 그러나 흑3에 붙여주지 않을지도 모릅니다. 흑3에서 c로 움직일지도. 아무튼 백은 △의 두 점이 약해졌으니까요. 백2의 뻗음은 흑을 굳히는데 도움이 된다고 아까부터 말했읍니다만 뻗는 것이 좋은 케이스가 되는 경우도 있으므로 星子씨 주의해 주십시오.

　　天元　무엇이든 너무 신용하여 예외를 생각지 않으면 곤란하겠지요.

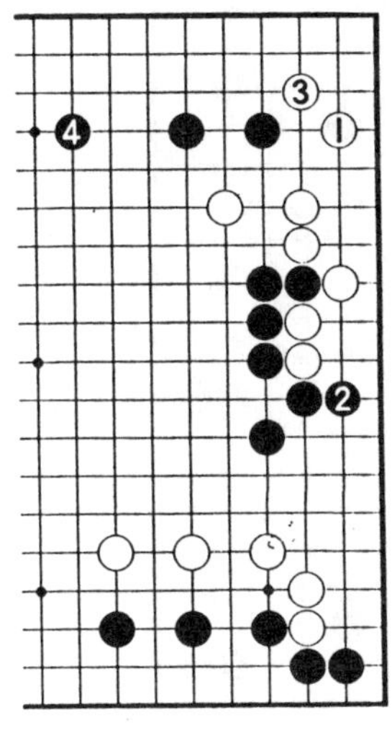

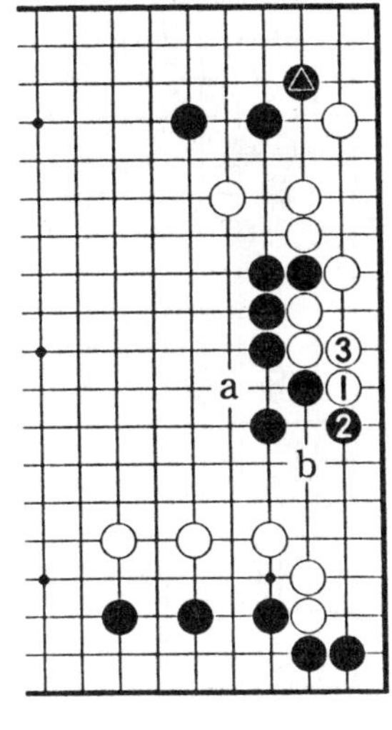

大竹 天元씨도 주의하시길. 그런데 저도 한가지 반성이 있읍니다. 13도 백1의 걸침에 흑은 3·3으로 받을 수 있었읍니다만, 흑2로 내려 버렸읍니다. 백3에는 흑4로 가볍게 넘었읍니다.

天元 흑2는 그렇게 좋은 곳입니까?

大竹 쌍방의 급소이기 때문이지요.

星子 14도, ●로 놓았을 때, 백은 곧 1·3으로 젖혀 붙였던 것이군요.

大竹 이 젖혀 붙이기는 '절대'인 것입니다. 땅도 크고 뭐니뭐니 해도 급소이기 때문입니다. 게다가 a, b 양쪽의 빼기를 놓을 수 있는 것도 백의 이점입니다.

天元 네? 이런 젖혀 붙이기가요? '절대'라니 도저히 믿을 수가 없군요.

大竹 이것도 '포석의 요점'의 하나이지요. 가령 15도 백

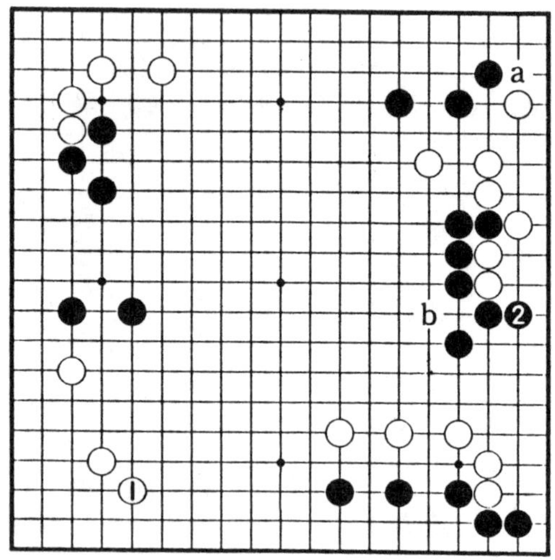

15도

1에 놓았다고 합시다. 그러면 흑은 아주 좋아하며 2로 내릴 것입니다.

天元 웬지 기분이 좋지 않군요.

大竹 두 점을 연결하면 큰 a의 누름 등을 공격하면서 놓을 수 있을 것입니다. 백은 먼저 1로 큰 곳을 놓고 있읍니다만, 그 만큼 곧 되돌릴 수가 있을 것입니다. 또 두 점을 취하면 b의 빼기가 살지 못하게 됩니다.

星子 눈이 씻겨진 것 같읍니다.

天元 대개 우리들은 두선의 젖혀 붙이기 따위는 대단치 않다고 생각하고 있지요. 그런데 그것이 포석의 급소가 되기도 하는군요.

星子 장소가 변하면 그 중요성도 달라지는군요.

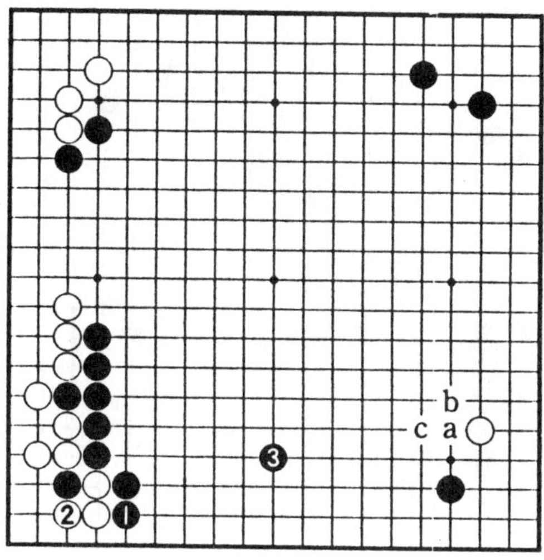

〈휴게실〉 일부러 뻗어가게 하다

大竹 포석 공부를 계속해 왔읍니다만, 마지막으로 두 사람의 반응을 보고 싶읍니다.

天元 웬지 두렵군요.

大竹 1도, 이것은 아직 제가 젊었을 때의 바둑. 백은오청원(吳淸源) 선생입니다. 여기에서 흑의 차례입니다만 어떻게 놓겠읍니까? 좌하 구석의 정석은 **제4문**에서 나왔었지요.

天元 그렇읍니다. 여기에서 흑의 차례라면 흑1로 누르겠군요. 흑1, 백2로 결정짓고, 흑3 부분에 벌리는 것이 정석일 것이다.

星子 그렇읍니다. 저도 그렇게 놓겠읍니다.

天元 그리고 흑3으로는 a, 백b, 흑c로 크게 자리 잡을

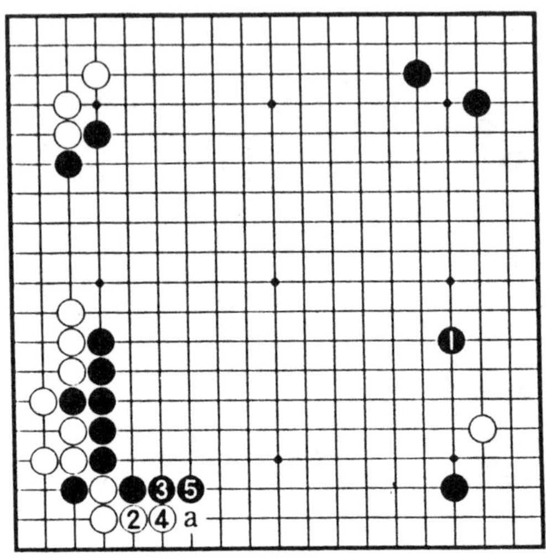

까?

大竹　하하하. 그런 것은 아무래도 좋읍니다. 아무튼 흑
1·3으로 놓는 것입니다.

天元　안됩니까?

大竹　아니요, 괜찮읍니다.　100점 드리겠읍니다.

天元　그럼 아무런 문제가 없다는 뜻이군요.

大竹　저는 2도 흑1로 끼우겠읍니다.

星子　좌하 구석을 결정짓는 것입니까?

大竹　네 백은 2·4로 놓을 것입니다. 물론 이것은 예
상이고, 흑3·5로 뻗었읍니다. 백으로써는 누르기를 살
리지 않을 곳까지 넣읍니다. 흑5 다음 a의 누르기는 듣
지 않으니까요. 저로써는 백2·4를 놓게 하고, 중앙의 축
에 놓으려 할 것입니다. 흑3·5에 돌이 오면 가운데가
두꺼워지니까요.

제 2 장

중반(中盤)의 묘(妙)

중반전은 여러 가지 측면이 있다

大竹 이제부터 중반전에 들어갑니다.

天元 드디어 재미있어지는군요. 3 역(三役) 등장이다.

星子 갑자기 씩씩해지는군요. 자신있어요?

天元 맡겨 줘. 자만은 아니지만 중반전은 할만 해. 포석은 엉망이었지만.

大竹 이상한 자만이군요. 天元씨 특기는 돌의 조임이겠지요? 큰 돌을 취하기도 하고 빼앗기기도 하고……

天元 실은 그렇읍니다.

大竹 분명 天元씨의 바둑은 막 달라붙은 채 뒹굴고 떨어지는 식이겠지요. 가끔 위로 된 편이 이기는.

天元 그것이 통렬하지요.

大竹 중반이란 그렇게 좁은 것이 아닙니다. 물론 싸움도 있읍니다만 돌을 취하는 것만이 아니고 땅을 둘러싼 싸움도 있읍니다. 싸움이 일단락 된 다음의 선수 후수의 관계, 갈라 돌려주기의 손해 득실, 두께를 살린 방법, 큰 곳, 급소의 문제, 형세 판단 등. 바둑의 종반까지 생각에 넣어두어야 합니다.

天元 으음, 그것 또 큰일이군요.

星子 저는 한가지만 머리에 넣어두기로 했읍니다. 大竹 선생님, 중반전에서 가장 중요한 것은 무엇입니까?

大竹 그것은 현명한 태도입니다. 가장 중요한 것 그것은 싸울 장소를 발견하는 것입니다. 바둑판에는 반드시 열매가 많은 장소와 적은 장소, 옥토와 사막이 있읍니다. 함부로 싸우지 않을 것. 이것에 주의해 주십시오.

星子 '중반은 옥토를 겨냥하라' 는 것이군요.

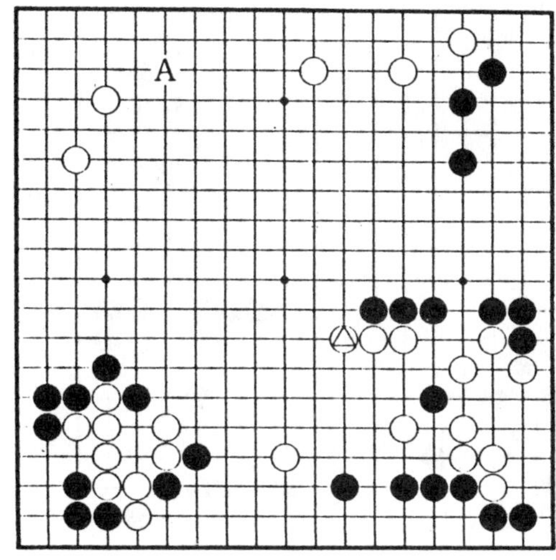

제 1 문 어디가 큰가

大竹 지금 △로 막 뻗었읍니다. 우하 구석은 일단 일단락 되었다고 보아도 좋을 것입니다. 그러면 이때 흑은 어디를 겨냥해야 하겠읍니까?

星子 옥토는 어디인가 하는 말씀이지요? 큰 곳은 상변이나 좌변일 것 같습니다.

天元 그렇읍니다. 공격할 수 있는 돌도 없을 것 같고.

星子 상변과 좌변 어느 쪽이 클까요?

大竹 문제의 설정 방법이 매우 좋읍니다. 양쪽 약한 돌도 없고 급소도 눈에 띄지 않읍니다. 상변이 큰 곳인지, 좌변이 큰 곳인지를 생각해 보아야 하는 것입니다.

天元 상변이 클 것 같은데요. A에 걸치겠읍니다.

星子 그렇읍니다. 저도 A. 좌변은 사막인 것 같으니까.

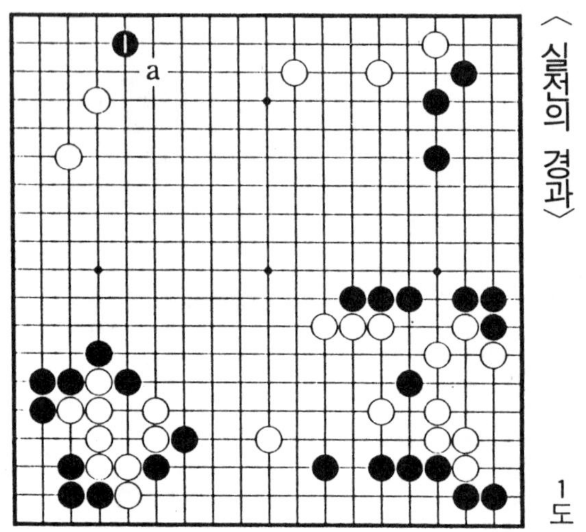

숨어드는 전법

大竹 훌륭합니다. 좋은 선을 가셨읍니다. 그런 식으로 생각하면 문제없이 답을 낼 수 있는 것입니다. 저는 1도 흑1에 놓겠읍니다.

天元 네? 이것은 또 도대체 무엇이라고 불리우는 수입니까?

星子 본 적이 없는 수인데요?

天元 아니 나는 어디선가에서 본 적이 있어. 상대방이 놓는 것을 본 적도 있고, 이것이 정석입니까?

大竹 음, 경우에 따라서는. 잘 놓으면 아주 좋은 수가 되지요. '구석 걸치기'라고 하던가요. 여러분의 a 보다는 흑 1 쪽이 이 경우에는 좋을 것 같습니다.

星子 어째서입니까?

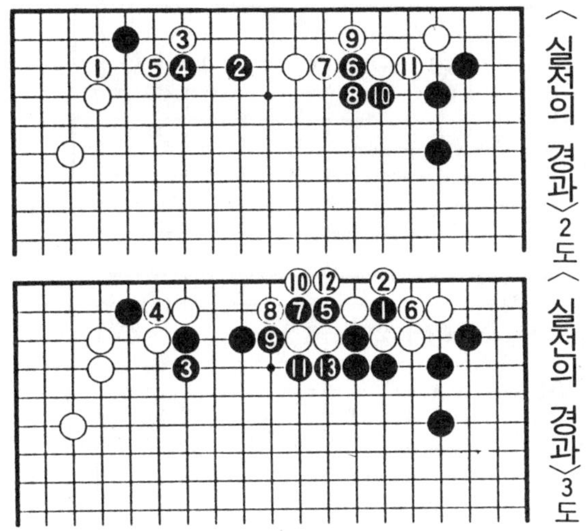

大竹 상변은 백의 세력권이지요? 흑으로써는 정면에서 싸움을 구하는 것은 금물. 빨리 안정을 구하는 것이 좋을 것이라는 뜻이지요. 3 선보다 2 선쪽이 안정되기 쉬우니까요.

天元 하지만 너무 깊이 숨어 들어가면 백에게 강대한 벽을 만들게 하지 않을까요?

大竹 좋은 말씀을 하셨읍니다. 만일 백의 벽이 만들어져도 우변의 흑이 튼튼하게 자세를 잡을 것입니다. 그러므로 백의 두께는 그다지 큰 작용을 하지 못합니다. 그것을 충분히 머리에 넣고 흑1 에 놓는 것입니다.

天元 그 다음의 실전은 어떻게 되나요?

大竹 늘어 놓아 보지요. 2 도에서 3 도가 실전의 진행입니다.

星子 어, 머리가 어지럽군요.

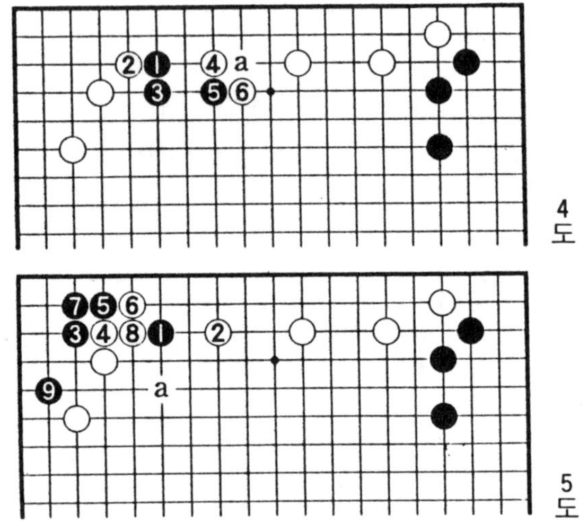

天元 흑은 등이 두꺼워졌읍니다. 흑의 성공이 아닌가요.

大竹 그렇읍니다. 흑은 잘 진행되고 있읍니다. 실전의 진행에는 여러 가지 어려운 변화가 있읍니다. 그러므로 맨 처음 구석 걸치기만을 문제로 하여 여러 가지 조사해 볼까요?

天元 저희들은 **4도** 흑1의 걸치기입니다. 실전이라면 반드시 이렇게 놓을 것입니다.

大竹 이 경우는 좀 너무 정직하군요. 정면으로 백 모양에 도전해 가는 수입니다. 그러나 구석 걸치기에 비하여 조금 무거운 것이지요.

天元 과연, 백돌이 가득 있기 때문에 보통 걸치기가 문제가 된다.

大竹 안정 전문으로 생각해야 할 장면이니까요.

星子 아 흑1에 대해서는 백2로 마늘모 붙이기가 아닐

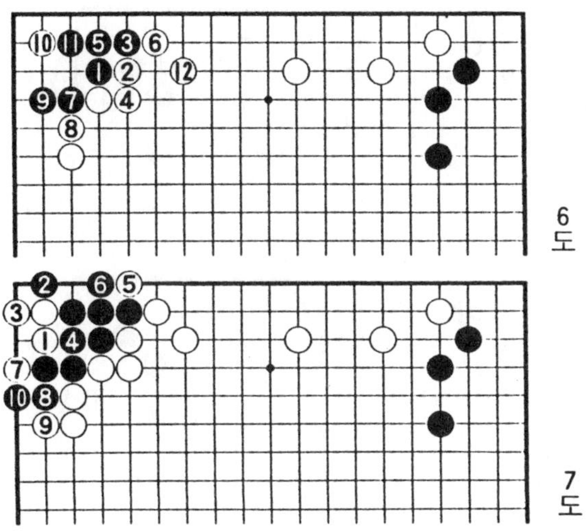

6 도

7 도

까요?

大竹 星子·씨, 좋은 생각입니다. 흑3으로 세워 무겁게 한 다음 백4로 공격합니다. 백4는 5로 높이 놓는 경우도 있고, 흑5의 붙이기에는 백6, 또는 백a 당김. 공격당하면 주위의 백이 단단하고, 안전하다고는 할 수 없읍니다.

星子 5도 백2의 끼우기에는 흑a로 뛰는 것입니까?

大竹 아니요. 흑3으로 3·3에 넣어야겠지요. a로 뛰어도 앞의 전망이 확실치 않기 때문에 이럴 때는 3·3에 넣어야 하는 것입니다.

天元 흑9까지 정석……

大竹 백이 조금 유리한 것 같은데요.

天元 6도 흑1에 붙이는 수를 본 적도 있읍니다.

大竹 아아, 그런 붙이기는 훌륭합니다. 백2로 밖을 누르고 백12까지 일단락입니다. 이 다음 **7도**의 순서에서

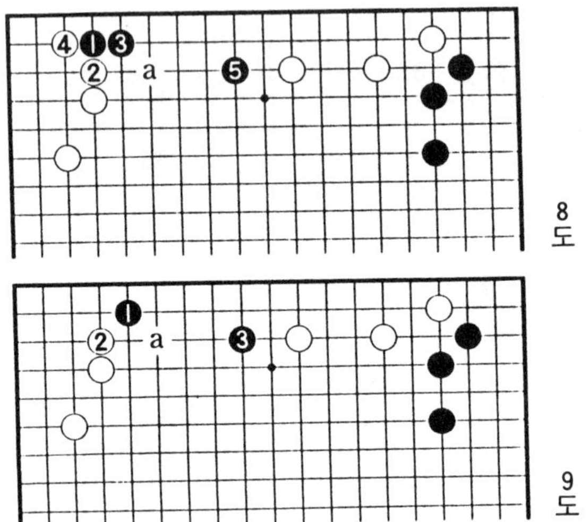

종반전의 패의 겨냥이 남아 있는 것입니다.

　天元　종반전의 패라고요? 이런 것은 외우지 않겠읍니다. 머리가 뒤죽박죽이 될테니까요.

　大竹　그러면 처음으로 돌아가 **8도** 흑1까지 전진하는 것은……

　天元　구석의 걸치기와 어떻게 다른가요?

　大竹　한길 다릅니다.

　天元　뭐야 시시하군요.

　星子　한길의 차이가 크게 다르다고요.

　大竹　백2로 붙여대는 형. 만일 흑3으로 벌리고 백4, 흑5가 되었다고 합시다. 이 다음의 흑a로 정비한 그림과 **9도** 흑1·3부터 a로 정비한 그림을 비교해 보아 주십시오.

　天元　거의 비슷하군요.

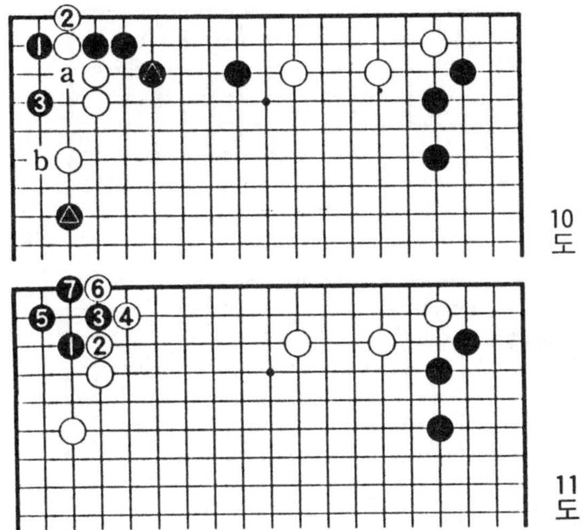

大竹 비슷합니까? 9도는 구석에 뛰어 넣기를 남기고 있읍니다만 8도는 높이 넣기를 놓고 있읍니다. 이 차이 입니다. 땅에서는 뛰어 넣는 방법이 좋을 것 같기도 보이 지만, 10도 흑1의 끼워 붙이기가 강할 때는 높이 넣어져 있는 8도가 유력하게 되는 것입니다.

星子 백2로 내려도 별 수 없을 것 같은데요.

大竹 예를 들면 ●가 가해지는 경우는……

天元 아, 알았읍니다. 흑3의 뛰기가 있군요!

大竹 天元씨로서는 잘 된 일이지요. a와 b가 균형이 되 었으니까요. 그런 차이가 있어서 8도의 흑1은 한발 디 려 넣은 놓기라고 할 수 있겠지요.

天元 구석 걸치기 쪽이 평온하겠군요. 그런데 11도 흑 1로 3·3에 넣는 것은?

大竹 강한 점에서 말하자면, 이것은 가장 강한 수입니다.

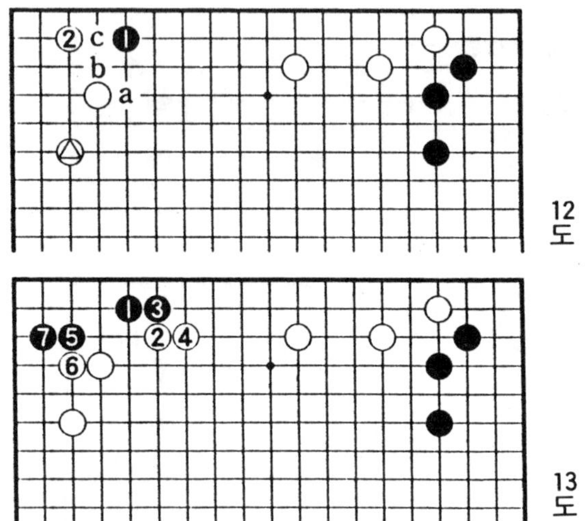

백의 심장부를 찌르고 있으니까요. 그러나 구석은 흑7 까지 패뿐만 아니라 상변의 백 모양이 커질 것입니다.

星子 3·3으로 넣는 것은 균형이 왼쪽으로 치우쳐 있게 된다고 생각합니다.

天元 고집을 피우고 있군요.

大竹 아니요, 좋은 말씀을 하셨읍니다. 12도의 흑1은 균형상 좋은 곳에 놓은 것이라고 할 수 있으니까요.

天元 작은 마늘모 걸기는 오른쪽으로 너무 치우쳐 있다는 뜻입니까? 아 그렇읍니다. 지난번 바둑 회의소에서 흑1에 백2로 구석을 받고 있었읍니다.

星子 구석을 지켰지요.

大竹 지키는 것은 좋지만 흑1의 돌에 대해 박력이 없읍니다. 흑a의 붙이기 등이 남아 모양이 느슨해져 있읍니다. 놓으려면 백b에 달리든가, C에 붙이든가. 이 두가지가

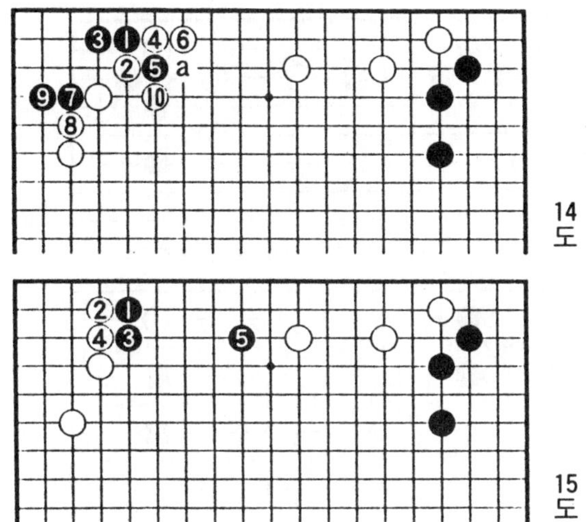

부분적으로는 돌의 형입니다.

　天元　하지만 그 두가지 이외에 **13**도 백**2**로 씌우는 수가 있겠지요?

　大竹　등을 두껍게 놓고 혹을 작게 살린다고요. 그러나 이 바둑에서는 중앙의 두께는 그다지 큰 작용이 없습니다.

　星子　'경우의 수' 라고 자주 말하지요. 백**2**의 걸침은 경우의 수인가요? 그러면 **14**도 백**2**의 마늘모 붙임은?

　大竹　혹**3**으로 뻗어 넣고, 혹**5**의 끊기에서 **9**로 구석에서 안정될 듯. 백**10**은 축이 유리할 것이므로 혹a로 움직여 냅니다.

　星子　혹**3**에서 **4**의 당김은 백**3**의 누르기?

　天元　그것은 백의 모양이 이상적이겠지요?

　大竹　그렇읍니다. 이번에는 **15**도 백**2**의 뻗어 붙이기. 이것은 정석이지요.

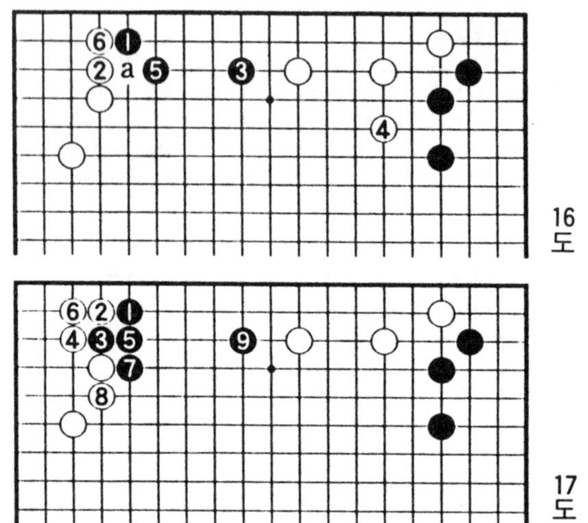

天元 알고 있읍니다. 흑3에서 5로 벌립니다.

大竹 정말? 星子씨, 天元씨가 말하는 것을 너무 신용해서는 안됩니다.

天元 네? 이상하군요.

大竹 16도 백2에 매달림으로써 흑3에서 5로 연결되는 형이 됩니다. 백6 누르기. 이 때 흑 a에 있는 것 보다 흑5에 있는 편이 좋겠지요? 벽에 붙어 잇는 것 보다 조금이라도 떨어져 있는 편이 좋으니까요?

天元 그렇다면 15도의 흑3 뻗음이 이상하군요.

星子 17도 흑3으로 갈라 넣을까요……

大竹 굉장합니다. 星子씨, 혼자 생각한 것이지요?

星子 재능의 도움을 받은 것이지요.

天元 헤헤헤, 자랑하는군.

大竹 백4로 가운데서 받아, 흑9까지 이어지는 것이 15

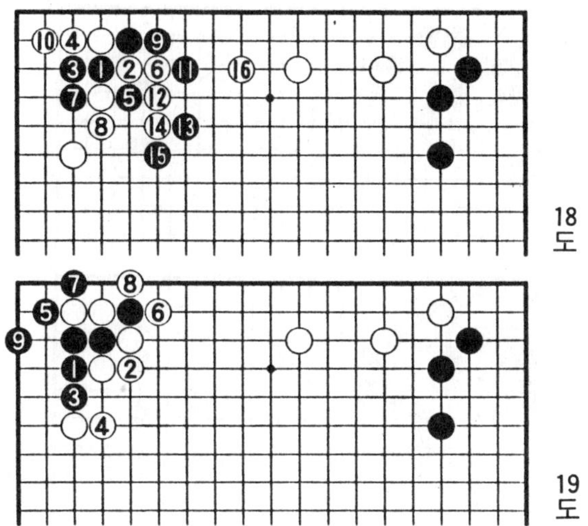

18도

19도

도 보다도 좋읍니다.

天元 그러면 18도 백2로 붙이면?

大竹 그것이 문제. 이 다음의 정석을 모르시나요?

天元, 星子 전혀.

大竹 흑3으로 뻗음, 5에서 7로 구석을 넓힙니다. 그리고 흑9로 넣기. 사석으로 흑11에서 13으로 걸침 맥.

天元, 星子 네!

大竹 끝을 막는 백14에 흑15의 날개 형. 실전에서는 이 변화도 유력할지 모릅니다. 흑은 기분이 좋지만 백도 땅이 많으니까요.

星子 저 大竹 선생님, 구석의 흑돌을 버리지 않아도 살릴 수 있을 것 같은데요……

大竹 예를 들면 19도?

天元 살릴 수 있나요?

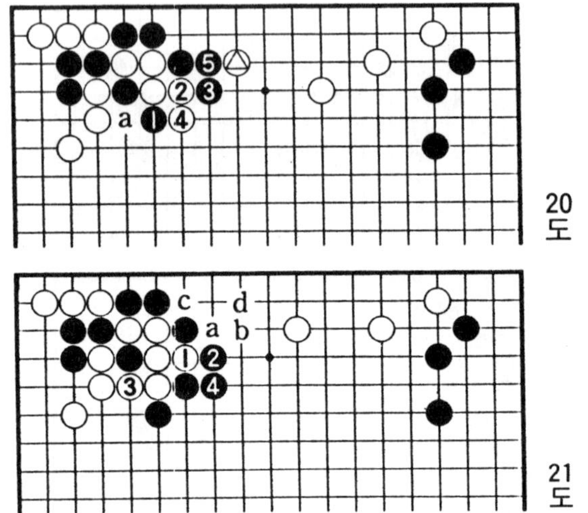

大竹 살아도 문제가 됩니다. 혹은 전혀 안됩니다.

大竹 한가지 지적한다면 20도 △에 백돌이 있을 때는 혹1의 날개에서 내도록 합니다. 혹3·5로 △의 돌에 미치게 합니다.

星子 백2로 a의 빼기라면 혹2의 대기도 좋지 않을까요?

天元 잠깐 기다려 주십시오. 21도는 백1로 내어져 3을 취하면 혹은 단점 투성이 아닙니까?

大竹 조금도 곤란하지 않습니다. 혹4로 위를 붙여가면 충분합니다. 이럴 때는 아래를 연결하지 말고 위를 연결해 가십시오. 가운데 쪽이 클테니까요.

天元 백a로 끊겼습니다.

大竹 혹b, 백c, 혹d로 버리면 좋을 것입니다.

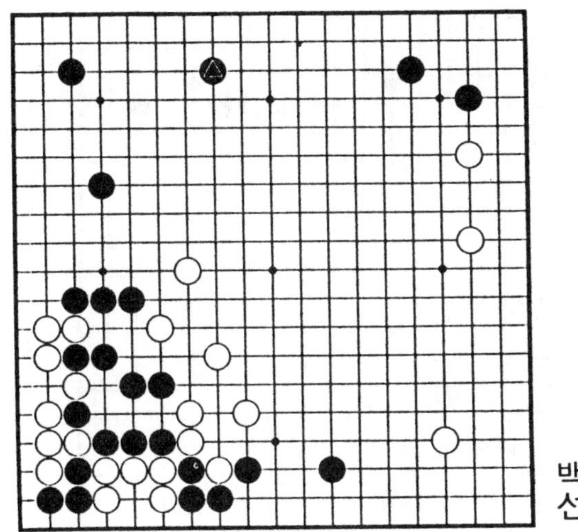

제2문 집이냐, 모양이냐

天元 처음부터 복잡한 변화가 계속되고 있군요.

大竹 그러면 이런 것은 어떻읍니까? 지금 ●과 주변의 큰 곳에 놓여질 참입니다. 여기에서 저는 어디에 놓았는지 다음 한 수를 보고 맞추어 보십시오.

天元 어렵군요. 제1, 어디가 촛점인지 알 수가 없어요.

星子 상변의 흑이 커질 것 같군요. 어디로 넣어 갔을까요?

天元 넣을 장소는 가득 있는 것 같고, 짐작도 가지 않는군요. 우변 백 모양을 넓힐까?

大竹 상변의 흑 모양은 위치를 낮추고 있지요. 깊이 넣어 들어가도 그다지 효과는 없읍니다.

天元, 星子 그래도 다음 한 수는 수올림.

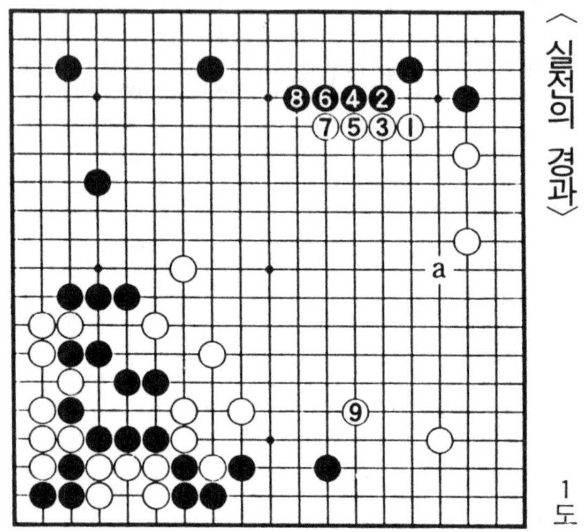

모양의 필쟁점

大竹 그러면 정해를 말씀드리지요. 저는 1도 백1로 놓읍니다.

天元 네? 그곳이 좋은 곳입니까?

大竹 호점입니다.

天元 전혀 이해가 가지 않읍니다.

大竹 그것은 안타까운 일이군요. 그러면 실전의 진행을 더듬어 보겠읍니다. 흑2로 마늘모, 백3 이하 쑥쑥 밀어 갑니다. 백도 이렇게 놓는 수밖에 다른 도리가 없는 참입니다. 그리고 흑8 까지 결정, 백9의 태세.

星子 흑8 까지는 흑이 많이 모은 것 같이 보이는데요. 하지만 '4 선을 누르지 말라' 라는 격언이 있을 정도이니까.

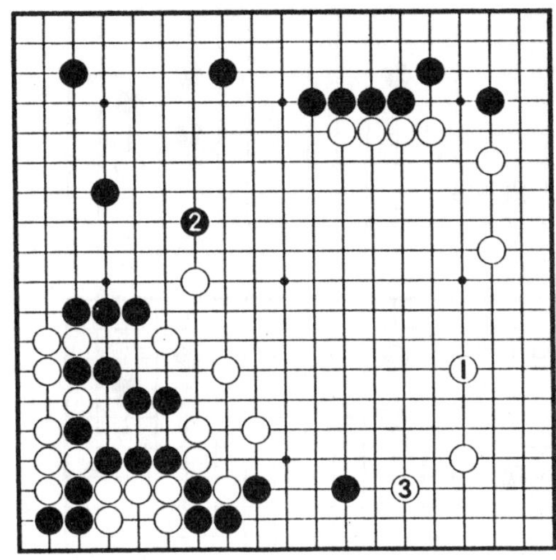

　大竹　격언과 실전은 별개. 흑 8 까지는 호각입니다.

　天元　제가 놀란 것은 그런 것이 아닙니다. 백 9 ! 이런 식으로 중앙을 향해 놓는 것입니까?

　大竹　모양을 넓히고 싶으니까요. 이 다음 흑 a 로 사라져 가 싸움이 일어납니다.

　天元　그러나 아무리 그렇다고 해도 충분히 크게 넓혀야 하겠지요.

　大竹　실전처럼 충분히 넓히지 않는 방법도 있지요. 2 도 입니다. 백 1 로 모양을 조여 놓읍니다. 흑 2 로 좌상을 넓 히면 백도 3 의 메꿈. 이런 식으로 움직이면 단단하지요.

　星子　상변 놓는 방법, 4 선을 에워싸도 좋습니까?

　天元　아직 설명하고 있잖아요.

　大竹　흑의 땅뿐만이 아니고, 백의 두께도 생각에 넣어 주십시오. 그것은 1 도의 백 1 이 모양 위의 요점에 있는

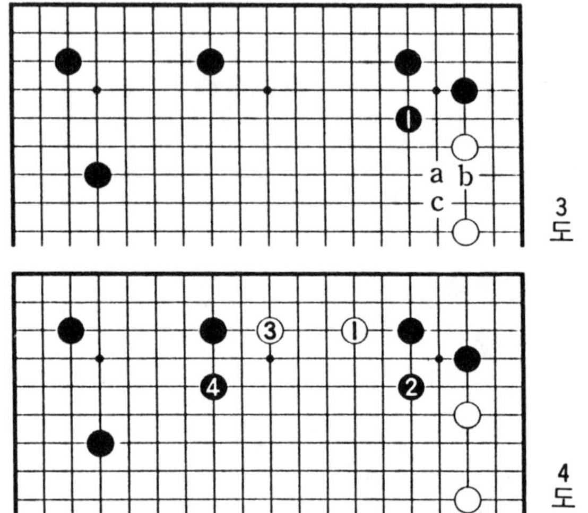

것, 이것이 중요합니다. 이 점은 흑 모양이 올라가든가, 백 모양이 올라가든가의 경계선입니다.

　天元　으음. 흑부터도 **3도** 1에 놓는 것입니까?

　大竹　그렇읍니다. 흑1로 놓으면 상변의 흑 모양은 입체적으로 올라가고 우변의 백 모양은 평평해져 갑니다. 그리고 흑a, 백b, 흑c가 멋 있는 살리기가 되는 것입니다.

　天元　안타깝게도 모르는 것 투성이이군요.

　大竹　이런 것은 기본적인 것인데요.

　天元　그러면 처음에 백이 뛰어드는 것은 어떻읍니까? 상변으로 뛰어드는 것은?

　大竹　아, 뛰어들기라면 **4도** 백1 말입니까? 흑2에서 4의 진행이 될 것입니다.

　星子　백3으로 두 칸 벌리는 것이군요. 두 칸 벌리기로 끊으면 안심입니다.

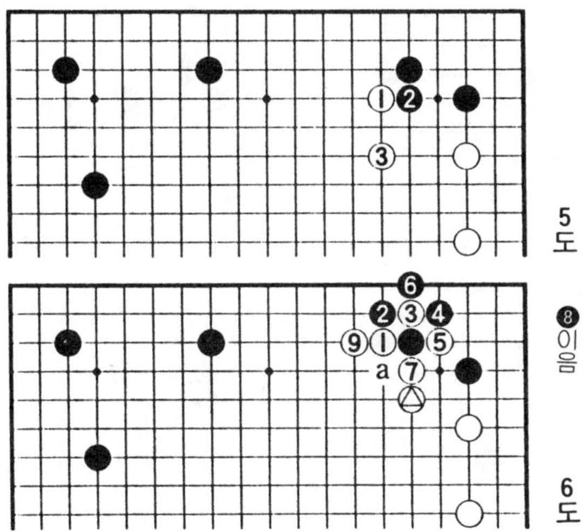

大竹 이치는 그렇읍니다. 그러나 흑 4 로 뛰어들어 두칸 벌리기가 그렇게 강하지 않을 것입니다. 星子 씨는 이론이 너무 앞서 달리고 있군요. 좀더 실전 감각을 키워 주십시오.

天元 그렇읍니다. 힘이 약하지요.

星子 당신의 가르치는 방법이 서툴기 때문이어요.

天元 문제를 바꾸어 5 도 백 1 의 어깨 붙임은 어떻읍니까? 흑 2 에 백 3 으로 뛰는 형, 어디선가 본 적이 있는 것 같읍니다.

大竹 그것은 지우는 경우의 놓는 방법이지요. 모양 확대에는 역시 6 도의 △이 낫읍니다. △에 대해 수빼기를 한다면 백 1 로 붙여 압박합니다. 그것은 견딜 수 없으므로 흑은 a 로 마늘모로 받은 것입니다.

天元 7 도 ●에 비볐을 때 백은 쑥쑥 눌러가는 것이군

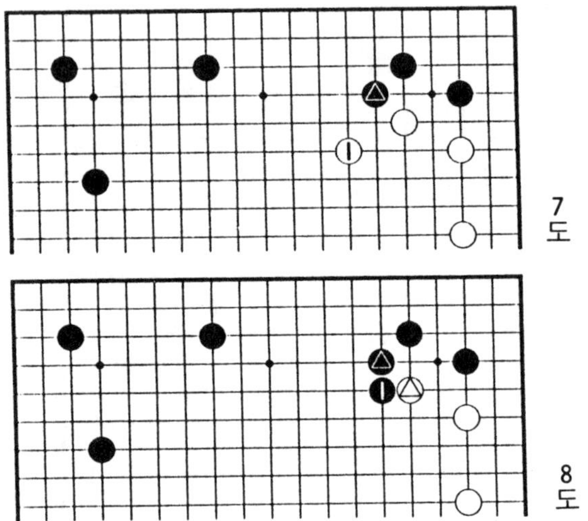

요. 그래도 날일자로 뛰는 것도 있을 법 한대요. 경묘(輕妙)로.

大竹 경묘는 좋지만 아무래도 얇고 확실치가 않지요. 웬지 희미합니다. 이런 것을 저희들은 '놓기 어려운 형'이라고 부르고 있읍니다. 그리고 한가지 말하자면, **8 도** ◯에 ● 로 받읍니다. 여기에서 백은 수빼기는 잘 하지 않읍니다. 흑 1 로 눌러지기 때문입니다. 이것은 백이 곤란한 형. 이런 경우라면 처음부터 ◯ 에 놓지 않는 편이 좋다고 할 수 있는 것입니다.

星子 그렇게 곤란한 것입니까? 대단치 않은 것처럼 보이는데……

大竹 앞의 **3 도**와 비교해 주십시오. 흑으로써는 **8 도** 쪽이 훨씬 좋읍니다. 그러므로 백이 쑥쑥 밀고 가는 것은 어쩔 수 없다고도 할 수 있읍니다.

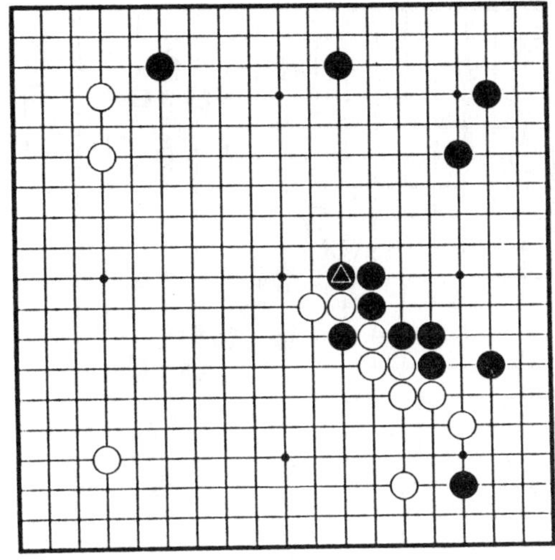

제 3 문 모양에 임하여

星子 매우 어려운 문제가 계속되는군요.

大竹 프로의 실전으로 공부하고 있으니까 어느 정도 어려운 것은 어쩔 수 없읍니다. 星子씨가 전부 이해하려고 해도 무리. 세밀한 것은 아무래도 좋으니까 실전의 순서와 제 해설로 '생각하는 방법'을 터득하면 좋을 것입니다. 天元씨도.

天元 바둑에는 바둑의 보는 방법, 생각하는 방법이 있다는 뜻……

大竹 위의 그림 등이 그 좋은 예로 여기에 실었읍니다. 지금 ●으로 구부러진 참입니다만 다음의 백의 한 수는 몰라도 괜찮읍니다.

星子 굉장한 모양의 대립이군요.

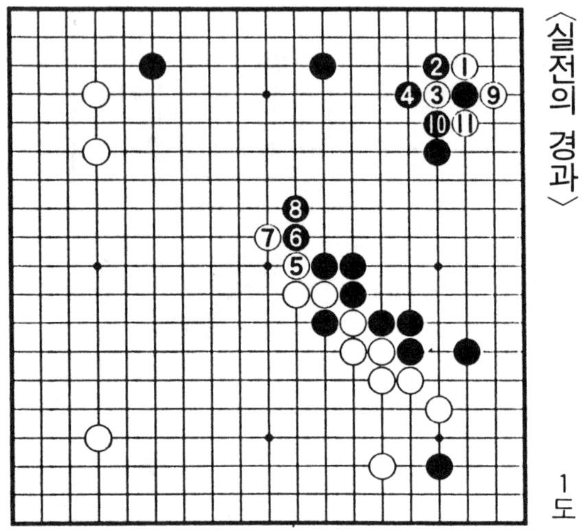

붙이는 순서

大竹 저는 1도 백1에 붙이겠읍니다.

天元 ……

星子 무엇인지 전혀 모르겠어요.

大竹 백1·3으로 붙인 다음, 또 구석을 백9·11로 가져갔읍니다.

天元 여기 놓았다 저기 놓았다 하는군요. 도대체 왜 한 곳을 계속 놓지 않는 것입니까?

大竹 제가 말씀드리고 싶은 것이 그것입니다. ‘백1·3’, ‘백5·7’, ‘백9·11’. 이 세가지로 나누어 생각해 봐 주십시오. 그리고 A, B, C의 부호로 놓아 봅시다. 놓는 순서는 A, B, C가 바른 것입니다. B, A, C의 순서로도, A, C, B의 순서도 아닙니다.

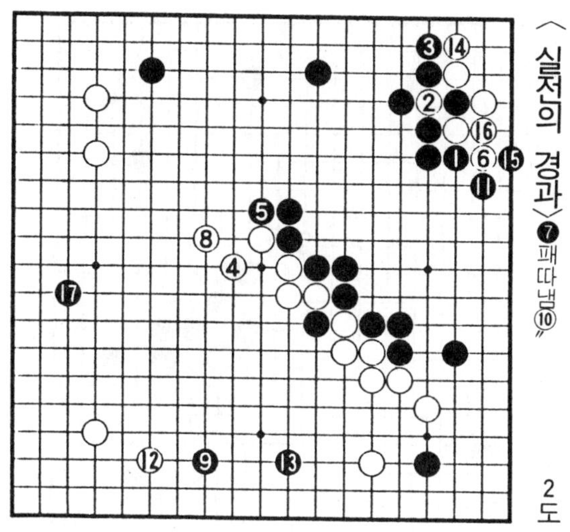

天元 잘 모르겠읍니다만 그것은 자주 말하는 '순서' 가 아닌 것 같은데요?

大竹 좋은 말씀을 해 주셨읍니다. 간단히 말하면 순서입니다. 이 예로부터는 순서의 중요함을 배우는 것입니다.

星子 왜 '백 1 · 3', '백 5 · 7', '백 9 · 11'의 순서가 바른 것인가요?

大竹 그것은 매우 어려운 문제점이나 변화가 포함되어 있읍니다. 일일이 설명하는 것 보다 우선 실전의 경과를 보아갑시다. 1도에 이어 2도처럼 진전됩니다. 우상 구석을 쌓고 그 도중에, 백4나 백8, 흑9나 흑17 등 큰 곳에 관한 술책이 있읍니다.

天元 또 눈이 어질어질하여 잘 모르겠는데요.

大竹 백은 우상 구석의 수 붙이기에 성공했읍니다. 그러나 흑도 9 · 17로 갈라 놓고, 이제부터 시작이지요.

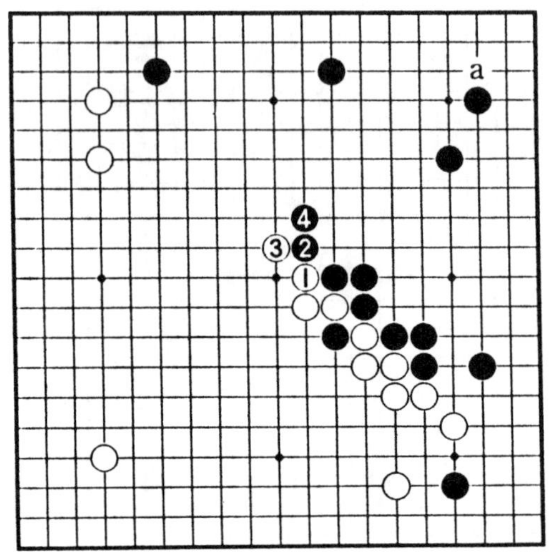

3도

天元　순서를 반대로 하면 어떻게 될까요? 그러니까 3도 우선 백1·3을 먼저 놓으면……

大竹　星子씨 백1의 구부리기가 모양의 필쟁점이라는 것을 아십니까?

星子　웬지…… 이런 수는 땅이 아니고 두께가 문제가 아닐까요.

大竹　아무튼 이곳은 어느 쪽이 놓아도 승패를 가름하는 기회인 것입니다. 흑2·4의 젖혀 뻗기도 이 한 수. 백1·3을 먼저 놓기로 합시다. 그러면 흑2·4로 이곳이 튼튼해집니다. 그리고 백a로 붙이면 이번에는 실전의 경과와 같은 길을 걷는다고 꼭 한정할 수는 없습니다.

天元, 星子　……

大竹　그림으로 나타내면 복잡하여 그만두겠읍니다만 흑2·4로 강해졌기 때문에 이번에는 백a의 돌을 잡으러 올

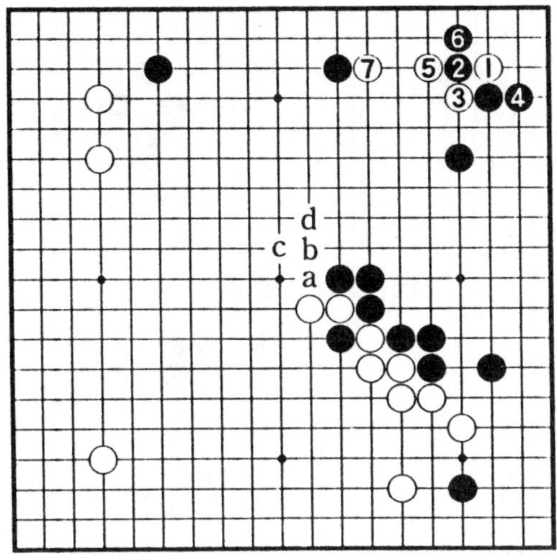

지도 모릅니다. 그러면 살 수 있을지 죽을지 일발 승부가 될 위험이 있는 것입니다.

　天元 흑2·4가 구석의 사활에 관계된다는 말씀이십니까! 상당히 멀리 있는데요?

　大竹 관계되고 말고요. 그러므로 먼저 백a로 놓고 모양을 보는 것이 바른 순서입니다. 먼저 붙이면 걸치기가 무리이고 **1도** 흑2·4 정도로 놓습니다. 그리고 수가 남아 있으므로 그곳에서 비로소 중앙 구부리기로 향하고 있습니다.

　星子 어려운 철학 강의를 듣고 있는 것 같아서 뭐가 뭔지……

　大竹 그러면 **4도** 백1·3으로 놓고 상황을 보지요. 흑4로 내리면 백5·7로 곧 풀기를 구할 수 있게 되겠지요? 그 경우는 백a~ 흑d를 놓지 않는 편이 풀기가 편

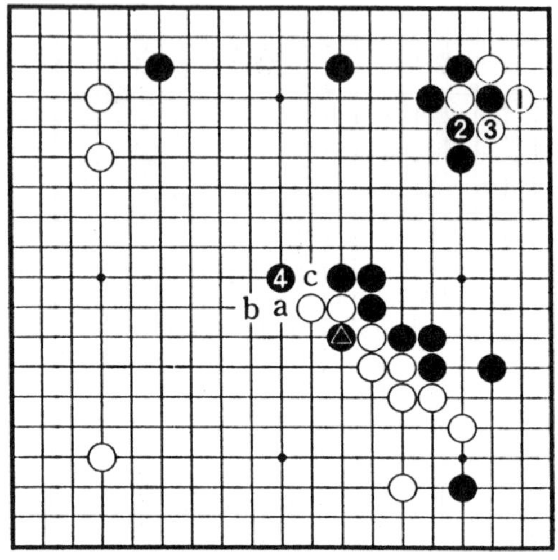

합니다. 이것은 하나의 변화도에 지나지 않읍니다만.

天元 그러면 5도 구석에 수를 붙이고 곧 백1·3으로 살려가는 것은 어떨까요?

大竹 맨 가운데의 필쟁점을 무시할 수는 없읍니다. 그렇게 되면 흑도 균형으로 중앙을 칠 것입니다. 흑4의 걸치기가 호점입니다. 백a에는 흑b.

星子 흑c로 누르는 것 아닌가요?

大竹 c는 백a로 뻗쳐 이미 하나의 박아넣기가 부족합니다. 일보 선행하여 흑4에 걸치는 것이 ●을 활용하는 맥이 됩니다.

天元 요컨대, 실전의 놓는 방법은 구석도 수를 붙이고 중앙의 요점도 놓으라는 것이군요.

大竹 그렇읍니다. 욕심입니다. 다시 말하자면 돌의 움직임을 완전히 구하고 있는 것이지요.

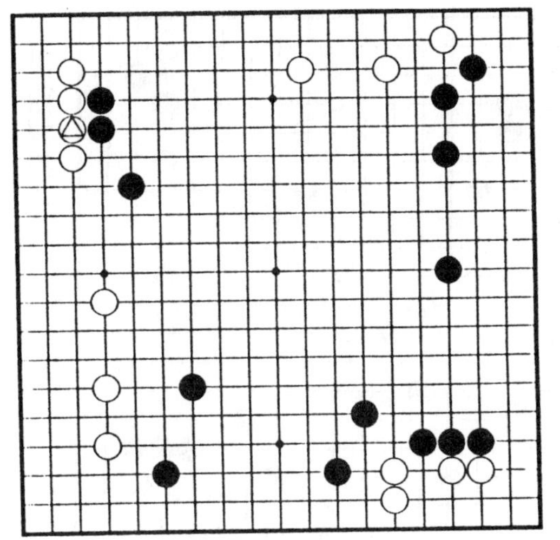

제 4 문 초대(超大) 모양의 정리 방법

大竹 天元씨는 큰 모양을 뻗는 것을 아주 좋아하시겠지요?

天元 뻗침을 당하는 것 보다 뻗는 것을 좋아하지요. 큰 모양을 만들어 상대가 안으로 들어오면 잡는 것이지요.

星子 취미가 나쁘군요.

大竹 아니요. 훌륭한 취미입니다. 아마츄어적으로도 아주 좋읍니다. 위의 그림을 보아 주십시오. △에 붙인 것. 흑은 어디에 놓을 것인지 생각해 보아 주십시오.

天元 이것은 또 굉장한 바둑이군요. 백은 땅, 흑은 모양. 주변의 큰 곳이라 해도 특별한 수는 없으므로 모양을 벌리지 않을까요?

大竹 그럴 지도 모릅니다.

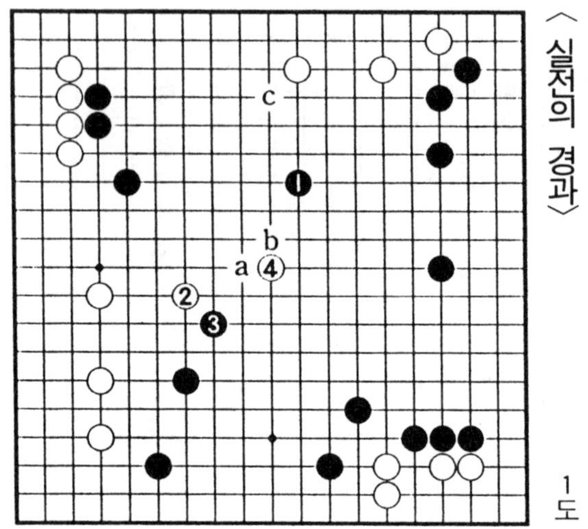

짐작으로 모양을 확대

天元 그러나 모양을 넓힌다고 해도 너무나 넓어 짐작도 가지 않읍니다.

大竹 요컨대 중앙 부분이 문제가 됩니다. 저는 1도 흑 1에 놓았읍니다.

星子 아, 그렇게 크게 벌리는 것입니까?

大竹 작게 벌릴 장면이 아닙니다. 크게크게 벌려 주십시오.

星子 흑1이 가장 좋은 지점 아닌가요?

大竹 아니요. 그것은 저도 모릅니다. 짐작으로 해본 것입니다. 이런 장면에서 최선수를 알 수는 없지요. 프로의 톱 클라스도 이런 것은 알 수 없읍니다. 요령이 아닌 감각 분야에 해당하는 것이니까요.

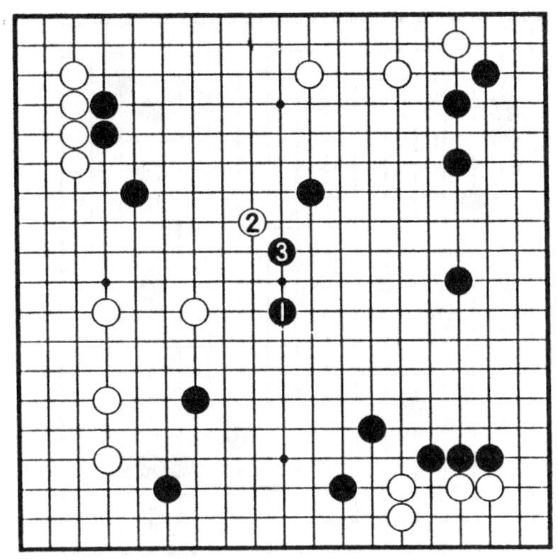

星子 大竹 선생님은 흑1로 굴리셨지요. 그 부근이라면 저희들도 편합니다.

天元 굴렸다고 하더라도 감각이 나쁘면 어쩔 수가 없어요.

大竹 실전은 백2로 중앙 진출, 흑3에 백4로 들어갔읍니다. 흑a로 붙임, 백b에 흑c로 기대기, 중앙의 싸움으로 들어갑니다.

星子 크게 모양을 넓혀도 결국 들어가게 되는군요.

大竹 星子씨, 그것은 어쩔 수 없읍니다. 모양이 그대로 땅이 되면 낙승이기 때문에 상대는 반드시 침입해 들어옵니다.

天元 들어오는 것을 잡는다는 것이군요.

大竹 그 싸움이 승부가 됩니다. 그리고 1도의 흑3은 2도 흑1 정도로 놓으면 좋읍니다. 백2에 흑3으로 에

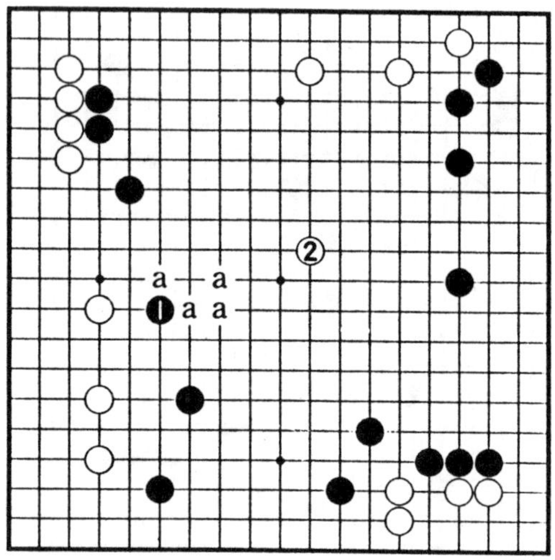

위쌉니다.

　星子 2도는 혹의 땅이 매우 넓어진 것이 아닙니까? 혹이 좋을 것 같은데요.

　大竹 그럴 지도 모릅니다. 그 대신 좌상 구석에 붙인 혹의 세 점도 약하기 때문에 그렇게까지 좋다고는 할 수 없읍니다.

　天元 처음으로 돌아가서 3도 혹1로 이쪽을 멈출 수도 있겠지요? 혹1이 좋은지 어떤지는 모르겠읍니다만.

　大竹 그곳을 놓으면 혹1 이외에 a등 여러 가기를 생각할 수 있겠지요. 그러나 이 혹1은 너무나도 넓읍니다. 형으로써도 수가 얇고 수에 두께, 힘이 없읍니다. 백2 부근에 침입당할 수도 있읍니다.

　天元 모양을 에워싸는 방향이 다르다는 뜻입니까?

　大竹 하변 보다 우변이 큰 모양의 근간. 그러므로 우변

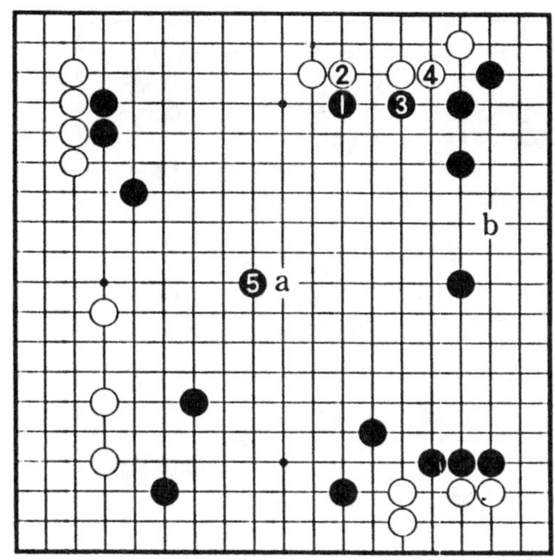

4도

에서 중앙으로 가는 것입니다. 3도는 하변에서 커가는 것입니다.

天元 지금 보기 드문 좋은 수를 생각해 냈습니다. 4도 흑1로 놓는 것입니다. 백2에 흑3으로 뛰어 붙이기. 이것 좋은 전법 아닌가요?

大竹 하하하. 좋은 생각을 해 내셨습니다. 분명히 유력합니다. 백4는 그 한 수. 흑4를 놓게 하면 멋지게 들어갈 수 있으니까요. 그리고 흑5, 또는 a 부근에 자리를 잡으려는 뜻입니다. 흑1·3을 살렸으니 이번에는 중앙 부근에 놓게 될 것입니다.

天元 어떻습니까? 좋지요?

大竹 단, 단점을 말하자면 백2·4로 튼튼해지면 백b에 뛰어들지 않을까 하는 문제가 남습니다.

天元 그렇다면 도대체 무엇입니까.

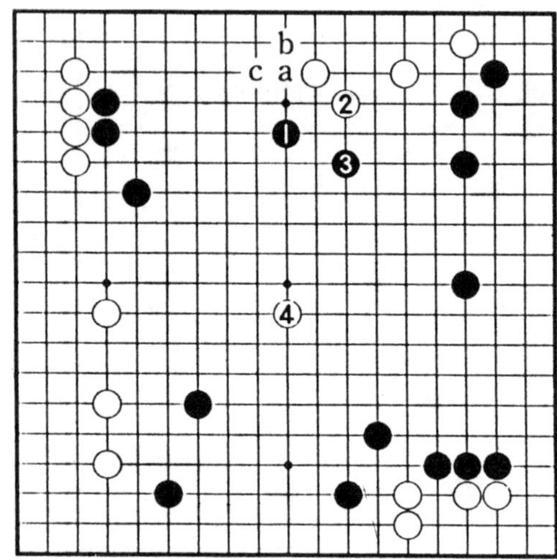

大竹 백 2 · 4 로 강해지면 안심하고 뛰어들기로 돌릴
것. 흑 5 (a) 의 에워싸기가 너무 넓으니까요. 그러나 흑도
넓게 자리 잡으면 방법이 없습니다. 요컨대 **4 도**는 b의 뛰
어들기가 두려운 것입니다.

天元 깊은 문제로군요.

星子 그런 식으로 생각하지 않으면 안되기 때문에 바둑은
힘든 것이지요.

大竹 그러나 그것이 바둑의 즐거움입니다. 모처럼 天元
씨가 명안을 내어 주셨으니 저도 한가지 유력한 안을 내
지요. **5 도** 흑 1. 이것은 상당한 것입니다. 다음에 흑 2
로 걸치는 수를 보고 있읍니다. 부분적으로는 백 2 가 형
이고, 흑 3 으로 멈춘 것입니다. 그러면 백 4 또는 일로 위
의 중앙에 놓아 싸우러 들어갈까요? 나중에 흑a, 백b, 흑c
를 놓을 수 있는 것도 흑 1 의 잇점입니다.

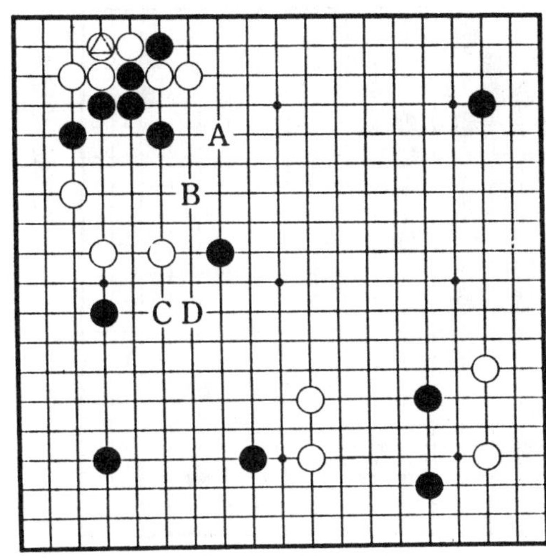

제 5 문 한 칸 뛰기에 악수 없다

大竹 어려운 문제가 계속되고 있으므로 이쯤에서 잠시 휴식. 위의 그림은 △로 붙인 참입니다. 다음의 한 수는 天元씨도, 星子씨도 곧 알 수 있겠지요.

星子 좌상 구석이 문제이지요?

天元 그것은 분명하군요. 이대로는 흑의 다섯 점이 위험하므로 A로 뛰어 놓을까?

星子 B는 어떨까요? 백을 봉쇄해 버릴까요?

天元 그것도 있었나? 아무튼 C나 D로 놓으면 백에 B 부근부터 나갈 수 있어. B보다도 A 뛰기가 좋을 것 같은데.

星子 '한 칸 뛰기에 악수 없다'로군요. 저도 A 뛰기로 하겠어요.

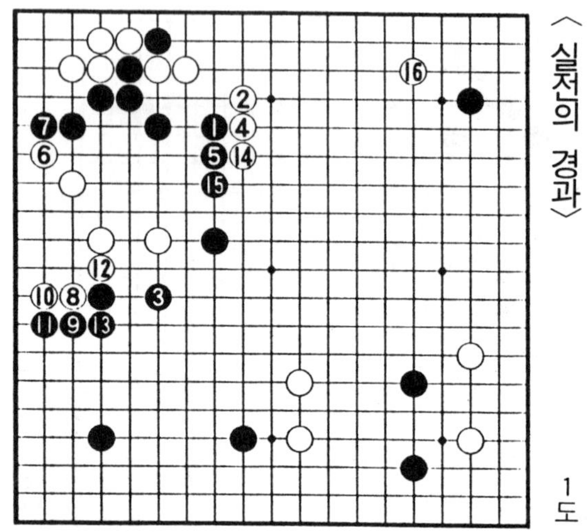

뛰기냐 걸침이냐

大竹 훌륭했읍니다. 저도 한 칸 뛰었읍니다.

天元 아, 저희들도 이렇게 간단한 문제는 한눈에 알 수 있읍니다.

星子 맞춘 것은 우연인지도 모릅니다. 너무 우쭐할 것 없다고요.

大竹 실전은 1도와 같이 진전합니다. 흑1부터 3으로 봉쇄하고 작게 살립니다. 흑 13까지 좌하 방면이 정리되는 것이 흑의 이점. 그대신 백4, 백14를 놓는 것이 가능한 것은 백의 이익. 백16의 걸치기로 돌면 불만은 없겠지요. 점점 호각 진행입니다.

天元 의외로 시시한 문제로군요.

大竹 그렇게 생각할 것 같아 다른 그림을 준비해 두었

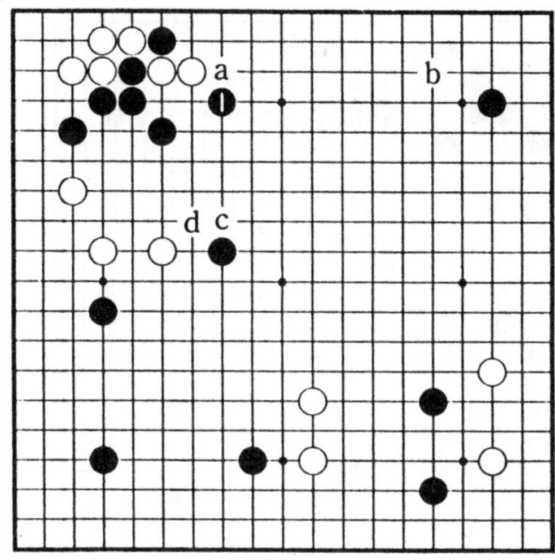

읍니다.

天元　흑1이 안된다는 것은 아니겠지요?

大竹　네, 하지만 **2도** 흑1의 걸침이 더욱 좋을 것입니다.

天元　네? 大竹 선생님과 같은 수를 놓아 부정해 (不正解)가 된다면 할 수 없지요.

星子　한 칸 뛰기와 걸침은 어떻게 다른가요?

大竹　여기에 걸치면 다음 a의 눌러넣기가 강할 것입니다. 그러므로 백은 기지 않으면 안됩니다만, 그러면 흑은 등이 두꺼워집니다. 또 3선을 쑥쑥 기면 백b의 걸치기를 놓기 어렵게 됩니다.

天元　아하, 상변 일대의 위치가 낮다는 뜻이군요.

大竹　그렇읍니다. 또 중앙 백c에 대해서는 흑d로 충분히 싸울 수 있겠지요.

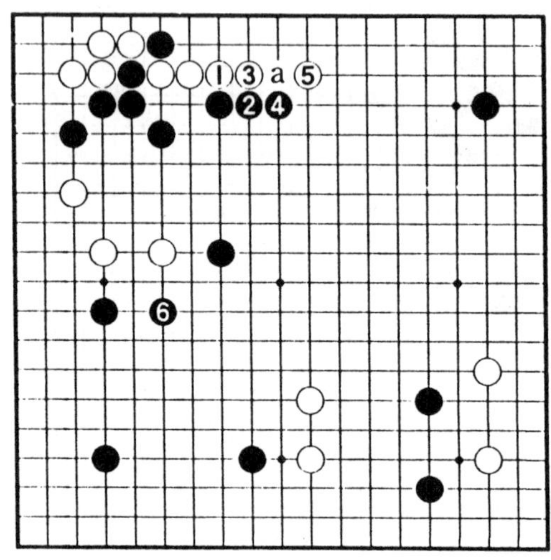

3도

星子 그림으로 보지 않으면 모를 것 같습니다. 3도 백 1·3으로 기어간다구요.

大竹 백3으로 a에 뛰는 수는 없읍니다. 또 계속 기는 것은 좋지 않읍니다. 언제까지나 눌러넣기가 강하기 때문에 백5의 뛰기. 그리고 좌변 흑6으로 뛰어, 실전과 마찬가지로 좌변 백을 살립니다.

天元 1도와 비교하여 이 그림이 좋을 것 같습니다.

大竹 백1로 기어오지 않을지도 모릅니다만 그렇다면 흑1의 눌러넣기로 놓도록 해야겠지요.

天元 大竹 선생님 실패의 권(卷) ?

星子 하지만 한 칸 뛰기도 나쁘지 않겠지요? 보통 수로는 만족하지 않고 더욱 그 위를 구하는 것이군요.

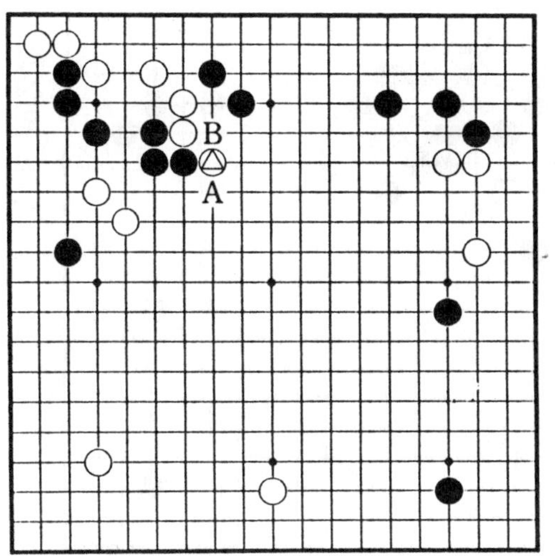

제 6 문 급소가 있다

天元 아니, 이것은 또 조치훈씨와의 바둑입니까?

大竹 중요한 국면을 맞고 있읍니다. 승부는 지금 양쪽 반반입니다.

天元 지금 △에 젖힌 장면입니까? 다음에 조치훈씨가 어디에 놓을 것인가 맞추어 보라는 것이군요.

星子 저는 A에 젖히겠읍니다.

天元 저는 B의 끊기.

大竹 星子씨는 온화하고 天元씨는 강하군요. 기풍이 잘 나타나 있읍니다. 그러나 두 분 모두 완전히 포인트를 빗 나갔읍니다. 여기에서는 좀더 강한 장소가 있읍니다.

天元 급소가 전혀 떠오르지 않읍니다. 도대체 어디에 급소가 있는 것인가요?

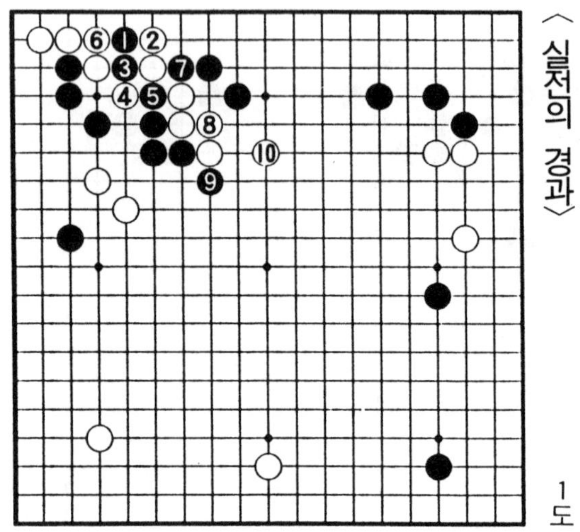

반발과 균형

大竹 조치훈씨는 1도 흑1에 눌렀읍니다. 이것이 급소의 한 수.

天元 그러고 보니 과연 급소로군요. 그것을 몰랐읍니다.

大竹 이런 급소는 나중의 변화를 크게 좌우하지요.

星子 무책임하지 않다는 것이군요.

大竹 실전은 백2에서 백10으로 전진되었읍니다. 접전입니다. 도중에 중요한 것이 몇가지 있읍니다. 백2의 누르기, 흑3으로 낸 다음 5에 붙인 것, 백6으로 두 점 취하고 흑7의 끊기를 허락한 것 등입니다.

天元 2도 흑1의 끊기는?

大竹 흑의 모양이 너무 나쁩니다. 반대로 ◬의 돌이 급

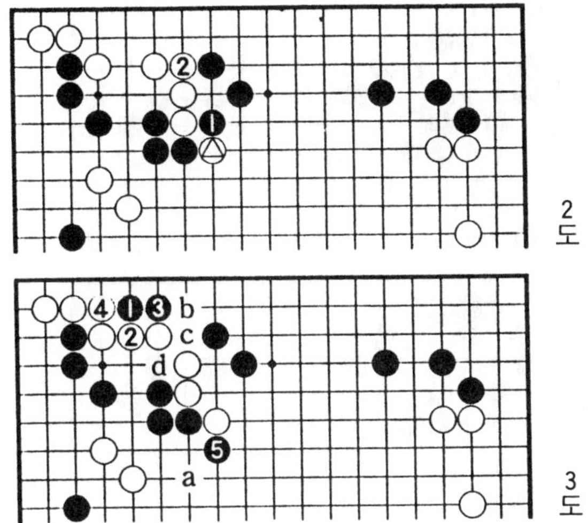

소를 붙이고 있는 점에 주목해 주십시오.

　星子 두기에 대해 저라면 **3도** 백**2**로 붙일 것 같은데 요. 그 편이 단단할 테니까요.

　大竹 **天元**씨는 어떻게 하시겠읍니까?

　天元 흑**3**, 백**4**입니까?

　大竹 그렇읍니다. 흑**5**의 젖히기로 돌고 전체의 백에 눈 이 없읍니다. 본래 흑**5**는 a로 뛰고 있을지도 모릅니다만.

　星子 백b로 젖혀도 흑c로 d의 끊기를 볼 수 있겠군요.

　大竹 그러므로 백의 큰돌은 구석에 한 눈밖에 없읍니다. 눈이 없는 것을 우리는 극도로 싫어합니다.

　天元 **大竹** 선생님, **4도**처럼 흑**1**, 백**2**를 놓아버리 면 좋지 않을까요?

　大竹 그 편이 이해하기 쉬울지도 모릅니다. 그러나 백 이 a, 흑**1**, 백b, 흑**2**로 갈라 바꾸어 오지 않는 한 흑**1**을

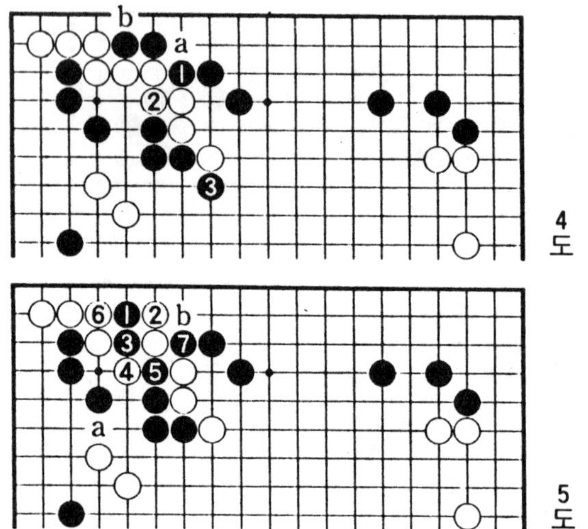

놓을 필요는 없읍니다. 필요 없는 것은 놓지 않는 것입니다.

　星子 어딘가에서 읽었어요. '바둑은 쓸데 없는 것을 놓지 않는 것이 아름답다' 라고.

　天元 다시 한번 실전의 순서를 보고 싶읍니다만, 5도 백 2로 강하게 눌렀군요. 여기에서 알 수 없는 것이 있읍니다. 흑 3·5로 놓았군요. 어째서 일부러 두 점을 버리지 않으면 안되는 것입니까?

　大竹 어떻게 하는 것이 좋다고 생각하십니까?

　天元 6도 단순히 흑 1의 대어넣기부터 놓으면 되지 않읍니까?

　大竹 백 2로 붙이는군요. ⓐ의 돌을 집어 넣읍니다.

　天元 그렇지요. 그러면 흑 3으로 붙여 5도 보다 좋지 않읍니까?

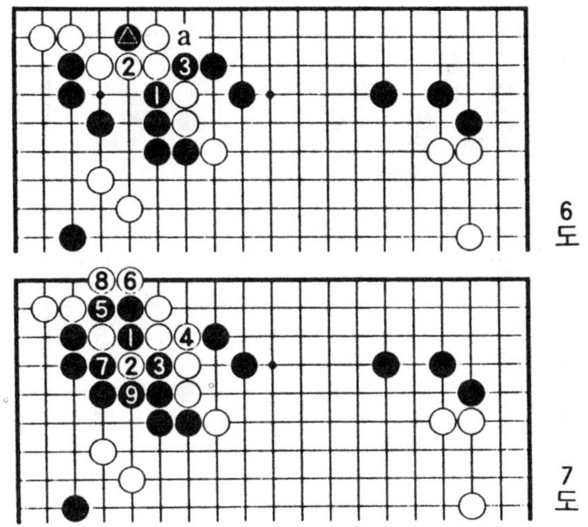

星子 그런 것 같습니다. 大竹 선생님의 실전은 조금 이상합니다.

大竹 그것은 오해입니다. 두 점을 잡히고 있으니 손해라는 것은 잘못된 생각입니다. 흑은 **6도** 보다 **5도** 쪽이 땅에서도 득입니다. **5도**는 흑a에 돌이 오면 b의 누르기가 놓입니다. **6도**는 흑a가 선수로 들지 않습니다.

天元 ……

星子 그러면 저부터 한가지 질문하겠읍니다. **7도** 흑1·**3**으로 놓았지요. 백은 왜 **4**에 붙이지 않는 것입니까? 이제부터 흑**5**로 취해도 백**6**·**8**로 걸쳐져 있읍니다.

天元 네? 그렇게까지 읽을 수 있다니.

大竹 좋은 질문입니다. 좋은 그림을 만들어 주었읍니다만, 한가지 빠뜨린 것이 있습니다. **8도** 백**1**에 흑a는 취할 수 없읍니다. 흑**2**로 내려 구석은 전부 취해집니다.20

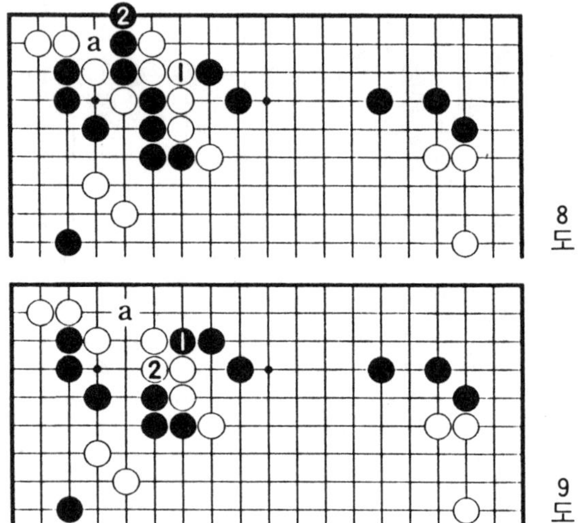

집 가까운 흑의 땅이 완성되었읍니다.

　天元　아, 이것 졌읍니다. 흑 2 는 좋은 수였군요. 조금도 몰랐읍니다.

　大竹　하찮은 곳이라고 생각하셨겠지요. 아무튼 처음으로 돌아가서 **9 도** a가 두고 싶은 급소라는 것입니다. 星子 씨 흑 1, 백 2 등을 놓아서는 아무 소용도 없읍니다.

　天元　흑 1 을 놓을 것 같은데. 우선 선수이니까요. 백 2 로 붙이면 이미 a는 없어지게 되지요?

　星子　흑 1 은 속근이라는 것이지요. 저 앞으로는 속근은 없애기로 하겠어요.

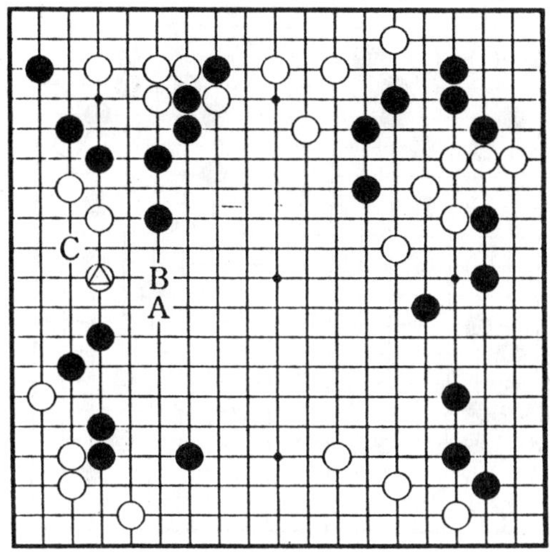

제7문 어떻게 공격할까?

大竹 이번에는 제가 멋지게 당한 바둑을 보여 드리지요. 지금 ◎로 뛴 참입니다. 흑의 다음 한 수는……

天元 허어, 노장과의 일전이군요.

大竹 高川 선생의 전성기, 제가 아직 어렸을 때의 일국입니다.

天元 ◎으로 뛰어도 이 백돌은 아직 약하군요.

大竹 그것을 보면서 다음 한 수를 생각해 주십시오.

星子 흑A로 공격합니다.

天元 A 보다 B쪽이 좋지 않을까요. C도 강할 것 같고……

大竹 그런 직접적인 수는 상대를 편안하게 하지요.

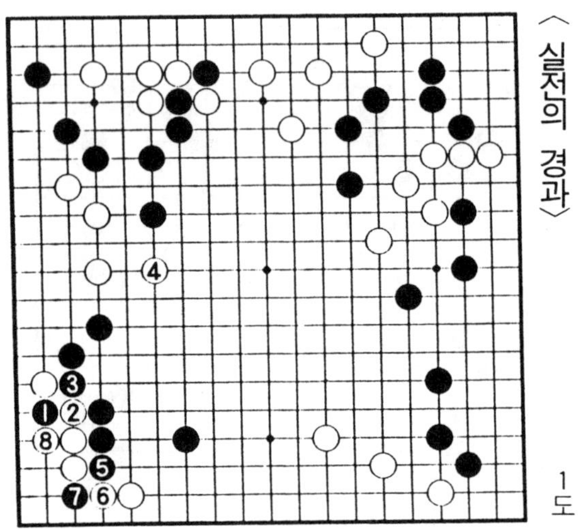

간접적인 공격

天元 직접적으로 공격하는 것이 나쁘다면 어떻게 해야 하지요?

大竹 의지할 장소도 없읍니다. 실전은 1도 흑1에 붙였읍니다. 이것이 강한 수입니다.

星子 이 구석은 수가 되는 것인가요?

天元 설마. 이렇게 단단한데, 수는 되지 않을테지.

大竹 물론 구석만 수가 되게 하려는 것은 아닙니다. 겨냥은 이곳을 굳히고 좌변 백의 세 점 공격. 흑1·3 때 백4로 일단 도망갑니다. 흑1·3이 오면 백4는 반드시 필요한 도망이 됩니다.

天元 붙이기 효과는 그다지 없을 것 같은데요……

大竹 그래서 흑5·7로 내붙여 갑니다. 이것이 강한 제

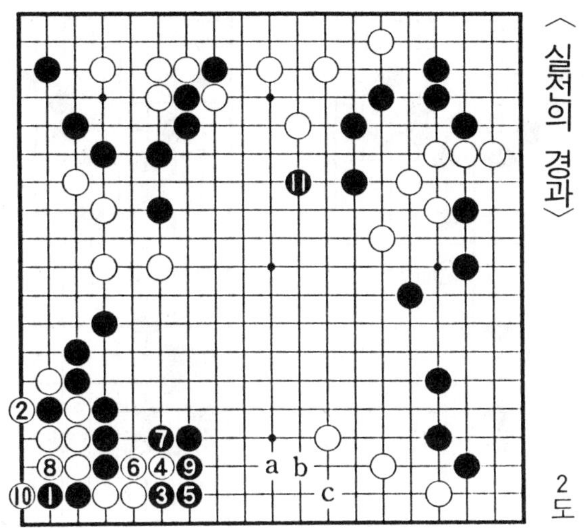

2탄입니다. 백8의 안기는 어쩔 수 없고 이 다음은 2도입니다.

　星子　백10까지 잘 모르겠는 것이 있읍니다만 결과는 그렇게 성공하고 있는 것입니까?

　大竹　흑 성공입니다. 밖이 이렇게 두꺼워졌으니 분명하게 흑 우세라고 할 수 있겠지요. 본래 백도 처음에 붙여져 이렇게 된 것은 어쩔 수가 없는 일입니다.

　天元　과연 흑은 두껍군요. 하변은 흑a라는 급소도 남아 있고.

　大竹　흑a는 백b로 마늘모 붙이기를 당해도 별상관 없읍니다. 더욱 들어가 흑c로 찌르는 수도 있읍니다.

　天元　네? 흑c !

　大竹　왼쪽이 강하기 때문에 그곳까지 갈 수 있읍니다.

　天元　실전의 경과는 도중에 모를 것이 많이 있군요. 우

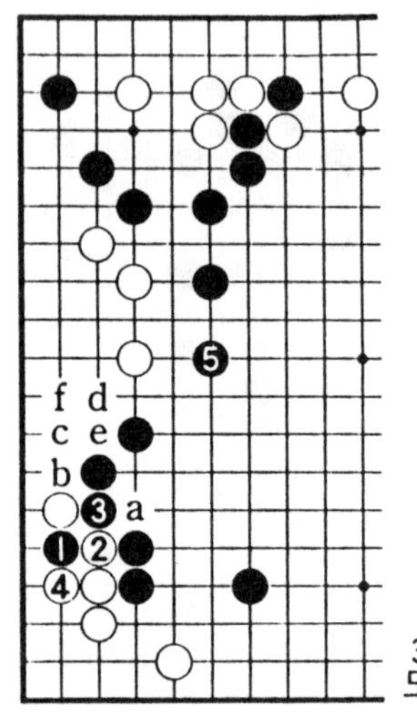

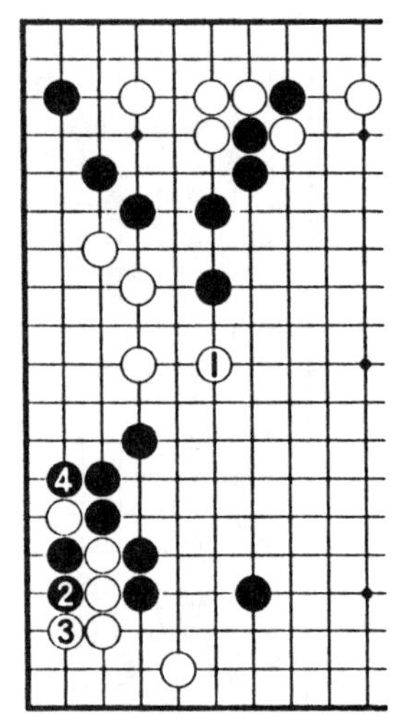

선 3도 흑1·3으로 붙였을 때 백4로 취해 버리는 것은?

大竹 흑5로 씌워오겠지요?

天元 흑1에서 단순히 5로 놓으면 어떻게 달라지나요?

星子 그다지 다르지 않을 것 같은데요.

大竹 흑1·3을 놓는 편이 좋읍니다. 단순한 이야기, 단순히 흑5는 백3, 흑a, 백b, 흑c로 보고 백d, 흑e, 백f가 선수. 붙여 놓으면 백d, 흑e, 백f가 선수가 됩니다.

天元 마치 머리카락 한 올의 차이로군요.

星子 이번에는 저부터. 4도 백1로 도망갔읍니다만, 여기에서 저라면 흑2·4로 취해 두겠읍니다.

大竹 아, 그것이 상식적인 생각이겠지요? 그러나 실전은 좀더 강한 것을 추구하고 있는 것입니다. 5도 흑2·4로 내붙였읍니다만 여기에서 백5로 취하면? 星子씨, 어

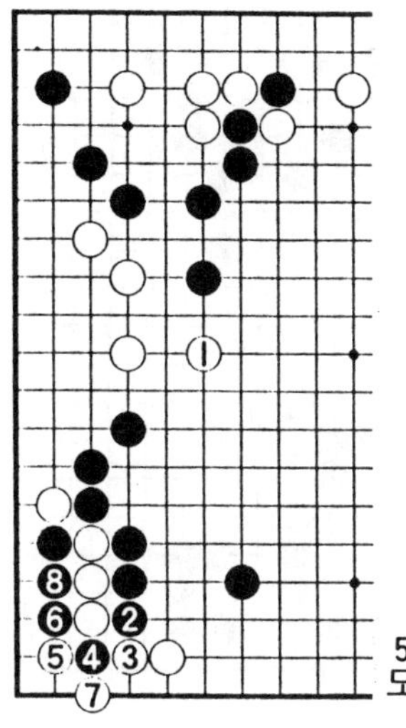

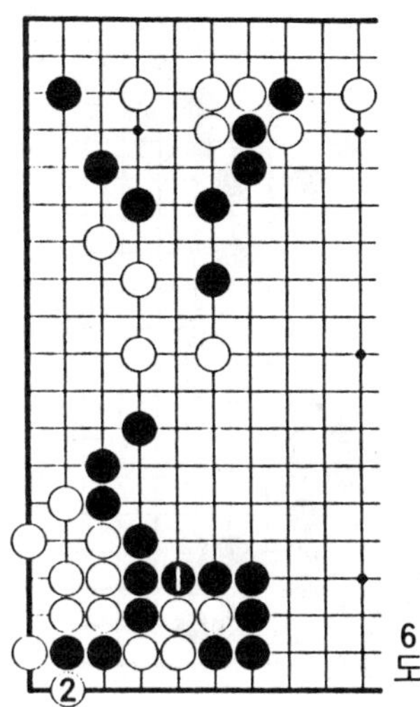

떻읍니까?

　星子　흑5 · 8로 조입니까?

　天元　흑이 좋지 않을까요?

　大竹　문제가 되지 않읍니다.

　天元　게다가 실전처럼 진전하여 흑은 밖에서 조여 붙이고…… 매우 좋을 텐데요.

　大竹　백으로써는 자중하는 수밖에 없읍니다. 이 구석은 일단락한 다음 조금 주의를 요하는 점이 있읍니다. 즉, 이 다음 어떻게 될까 하는 것입니다만.

　天元　6도 흑1이 살겠지요?

　星子　바싹바싹 붙이면 흑의 벽은 매우 단단해질 것입니다.

　大竹　그런 방법도 있읍니다만 더욱 유력하게 결정짓는 방법이 있읍니다.

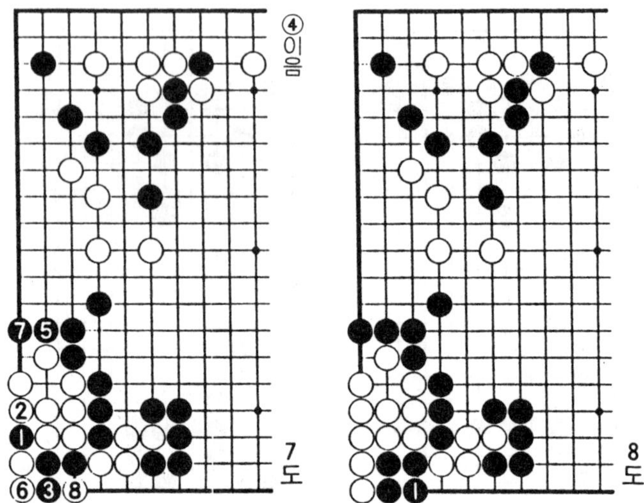

天元 더 유력한 방법이 있다고요?

大竹 7도 흑1에서 3의 구부림입니다. 패는 문제가 되지 않으므로 백은 열심히 취해야 합니다. 그러면 흑5·7이 선수를 놓을 것입니다.

天元 이것 굉장하군요.

大竹 1선 내리기까지 놓으면 위의 백돌이 단연 약해져 갈 것입니다. 그러므로 **6도**의 결정 방법으로는 불충분합니다.

天元 이런 수단이 남아 있다니요. 점점 흑이 잘 보이는군요.

星子 7도 백8의 빼기는 필요합니까?

大竹 天元씨, 백8을 놓지 않으면?

天元 8도 흑1로 놓을까요?

大竹 그렇읍니다. 1선 내리기가 선수가 됩니다.

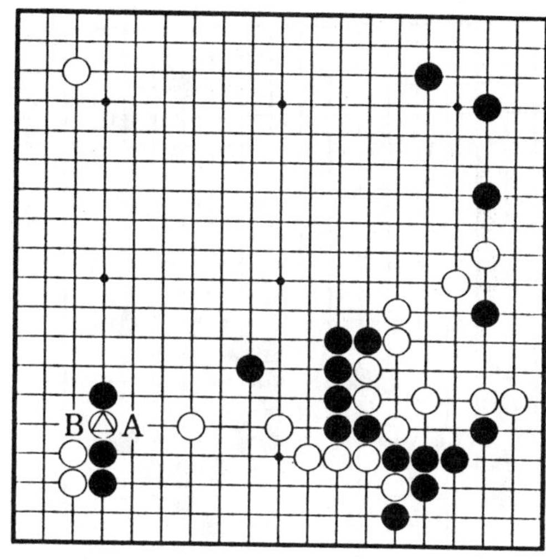

제8문 창의(創意) 공부를 하라

天元 아니 이번에도 또 대가(大家)와의 일전이군요. ⬜으로 갈라넣은 참입니까?

大竹 당연, ⬜에 대해서 무엇인가 응수하지 않으면 안 됩니다. 여기에서 제가 어떻게 놓았는지 여러분 생각해 보십시오.

天元 이런 상황에서의 수는 정해져 있다고 생각하는데요.

星子 A에 대든가, B로 끊든가?

天元 흑B로 끊는 것은 백A로 뻗어져요. 흑A에 대기로 정해져 있읍니다. 백B 붙여 그 다음은 모르겠지만.

星子 그래요. 흑A로 정해져 있어요.

天元 정석이지요.

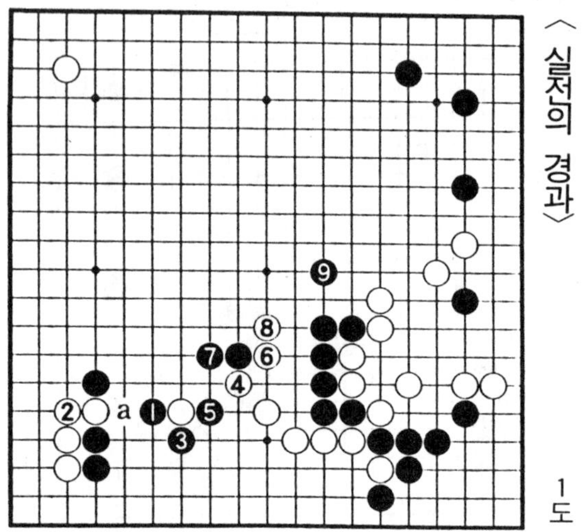

형에 얽매이지 말라

大竹　天元씨도, 星子씨도 그렇게 말씀하실 줄 알았읍니다. 이 형에서 밖에서 대는 것은 극히 상식적인 방법이니까요.

天元　大竹 선생님은 대지 않읍니까! 설마 수빼기를 하시지는 않겠지요.

大竹　저는 1도 흑1에 붙였읍니다.

天元, 星子　？？？

大竹　흑1에 붙였던 것입니다.

天元　그것은 도대체 무엇입니까?

大竹　a에 대는 것 보다 흑1쪽이 좋기 때문에 이렇게 놓은 것입니다. 백2의 연결은 그다지 좋지 않읍니다. 흑돌은 a에 잇는 것 보다 1에 잇는 것이 좋읍니다. 다음에 흑

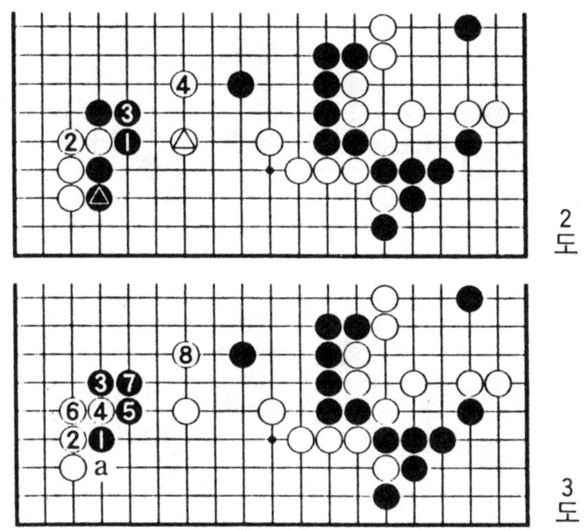

3으로 젖힐 수가 있으니까요. 백4 이하 흑9가 실전의
진행입니다.

　天元　놀라울 뿐입니다……

　大竹　흑1은 a의 대기를 유보한 일종의 의지 전법이라
고 할 수 있겠지요.

　星子　어째서 2도 흑1의 대기가 좋지 않은 것입니까?

　大竹　백2에 연결되는 형은 ◬의 돌이 바로 급소에 오
고 있읍니다. 그것이 불만인 것입니다.

　天元, 星子　◬가 급소!

　大竹　아직 또 있읍니다. 흑3, 백4로 전진함으로써 ●
의 돌이 매우 하잘 것 없는 한 수가 되어 버리는 것입니다.

　天元　어째서 그렇읍니까? 훌륭한 한 수, 훌륭한 누르
기가 아닌가요?

　大竹　훌륭하다고요?　3도, 순서를 바꾸어 흑1의 어깨

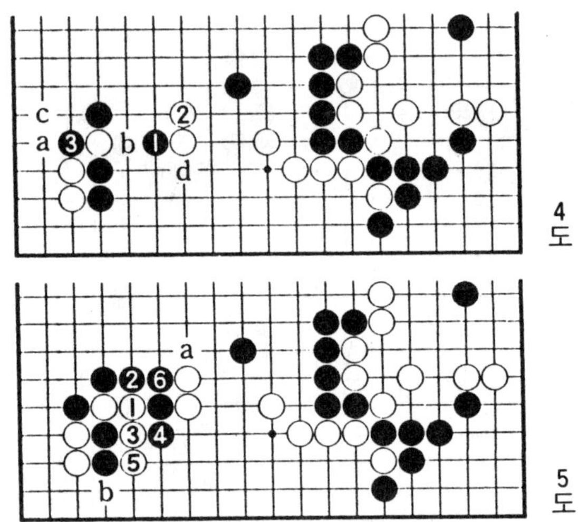

4
도

5
도

붙이기에서 백 8 까지 전진했다고 합시다. 여기에서 흑a에 누르는 것은 실로 하잘 것 없는 한 수인 것입니다.

天元 네? 그리리라고는 전혀 생각지 못했읍니다.

星子 단지 대면 좋다고 우리들은 그런 것밖에는 머릿속에 들어 있지 않읍니다.

大竹 형에 얽매여 있기 때문입니다. 바둑은 형에 얽매여서는 안되는 것입니다. 결정되었다고 생각되어지는 곳에서도 여러 가지로 창의 연구를 해보아야 합니다. 그렇게 하면 **4 도** 흑1의 붙이기는 강하지 않은 사람이라도 발견할 수 있을 것입니다.

天元 그런 식으로 생각할 줄 알게 되면 바둑이 분명히 재미있어 지겠지요? 사고의 동맥경화가 있어서는 곤란할 것입니다. 그러나 이 붙이기는 아직도 잘 모르겠읍니다. 예를 들면, 백 2 로 세우면?

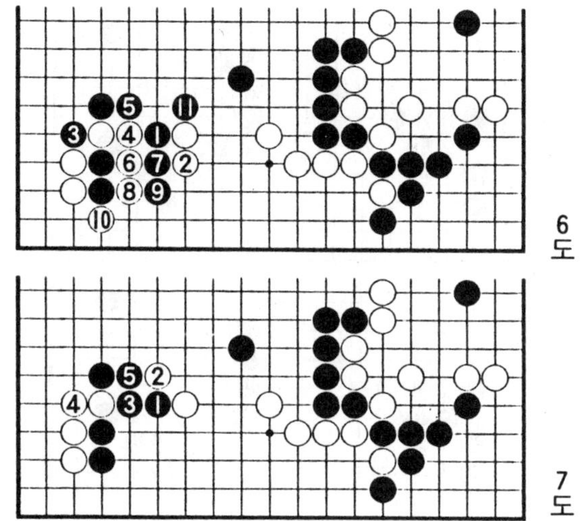

大竹　흑 3 쪽부터 끊읍니다.　백a, 흑b, 백c라면 흑 충분.
즉 흑1은 의지하여　3의 끊기를 겨냥하고 있는 것입니다.
흑3과 d의 젖히기를 균형으로 삼고 있는 것입니다.

星子　5도 백1로 움직여 내는 것은?　백은 축에서 취
할 수 없을 것 같은데요.

大竹　그것은 안됩니다.　흑2부터　4·6으로 놓여 a의
봉쇄와 b의 메꿈 붙이기를 균형으로 살아집니다. 백1과 같
은 움직여 내기는 우선 좋은 것이 아닙니다.

天元　알았읍니다.　6도 백2로 아래로 내려도 흑3의
끊기이군요.

大竹　백4로 움직여 내는 것은?

天元　같읍니다.　흑5부터 점점 대어가면 좋읍니다.　흑
11까지.

大竹　과연, 만점입니다. 天元씨.

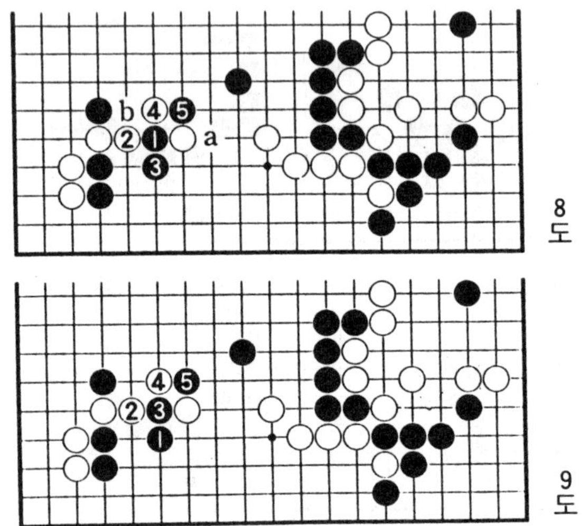

天元 하지만 아직 여러 가지가 있읍니다. 7도 백 2로
위를 젖히면?

大竹 흑 3 · 5로 좋읍니다. 백 2의 돌이 어리석게 흑의
벽에 찰싹 달라 붙어 있읍니다.

天元 그렇읍니까? 이번에는 흑 3부터 대나요?

星子 8도 백 2로 이쪽부터 붙여가면?

大竹 星子씨, 조금 생각해 보아 주십시오.

星子 네. 흑 3으로 내립니다.

大竹 백 4라면?

星子 ……

天元 흑 5의 끊기? a와 b가 균형.

大竹 그것으로 좋읍니다. 흑 1의 붙이기가 맥이라는 것
을 알았읍니다. 그런데 이 이외에 또 한 곳, 유력한 수가
있읍니다.

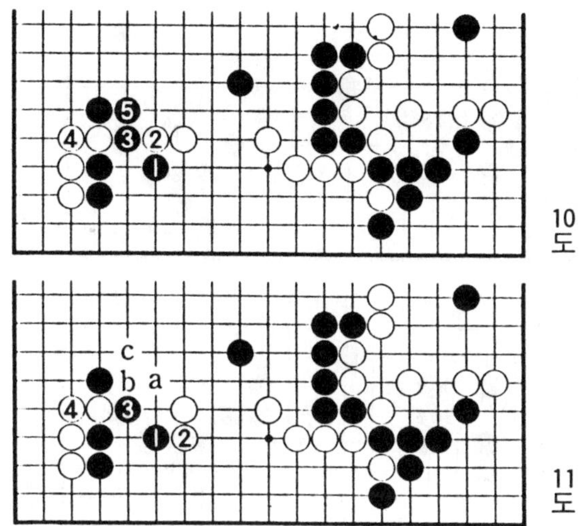

天元　아직 있읍니까?　밖에서 대는 수 따위를 생각한 자신이 창피하군요.

大竹　아, 그런 말씀은 마시고.　**9도** 흑1에 놓는 수가 있읍니다.

天元　정해의 붙이기의 한길 아래?

星子　이것도 의지 작전입니까?

大竹　의지하는 것과 비슷한 것입니다만 옆 붙이기 만큼은 확실치 않읍니다.　우선 백2로 뻗어가면 어떻게　하겠읍니까?

星子　흑3으로 내면 백4에 누르겠지요.　흑5로 끊으면 **8도**와 같아요.

大竹　그렇읍니다.　흑이 좋읍니다.　그러면 **10도** 백2라면.

天元　그러면 으음 흑3의 대기.　백4에 흑5로 붙여…

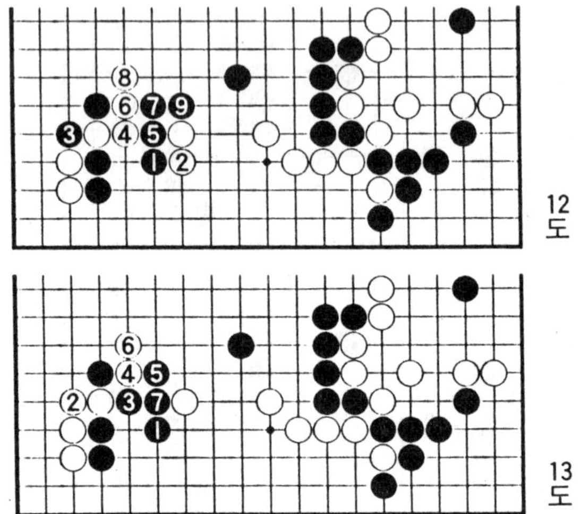

大竹 중앙 돌파는 문제가 없읍니다. 흑이 압도적입니다. 이 두가지는 전혀 백이 안되므로 **11도** 백2로 눌러보지요.

天元 흑3으로 대어 a에 걸어 붙이면? 그렇지 않으면 흑b나 흑c나……

大竹 아니요, 좀 둔한 방법입니다.

星子 **12도** 흑3쪽부터 끊는 것인가?

大竹 좋아요, 좋읍니다.

天元 아, 알았다. 말하지마, 말하지마. 백4에 흑5·7로 찔러 내어간다. 그리고 흑9에 구부려 붙인다.

大竹 두 분 다 좋았읍니다. 그러므로 결국 **13도** 흑1에 대해서는 백2로 붙이는 것이 되지요. 그런 것입니다. 그리고 흑3으로 누르고 백4로 끊기. 흑5에서 7 붙이기가 되는 것입니다.

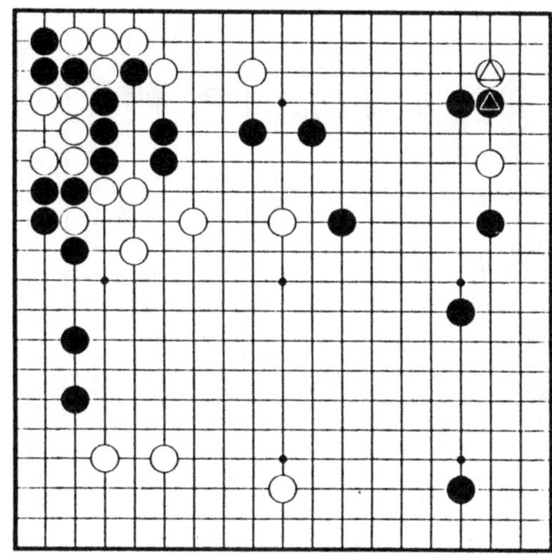

제 9 문 3 · 3 들어가기 다음의 형편

大竹 이번에는 그렇게 어렵지 않읍니다. 지금 △ 의 3
· 3 들어가기에 ● 으로 눌러 들어가는 참입니다만 이 다
음은 어떻게 되겠읍니까?

天元 과연 이것은 어려운 것 같지 않군요. 정석이지요?

大竹 분명 정석 그대로 놓으면 좋겠읍니다만 저는 좀더
연구하였읍니다.

天元 프로는 정석 그대로 놓지 않더군요.

大竹 정석대로 놓아서 된다면 바둑 따위 아주 간단한 것
이 되겠지요. 그리고 그다지 재미도 없을 것입니다.

星子 차도, 꽃도, 식대로만 하는 것은 재미가 없지요.

大竹 무엇이든지 창의와 연구.

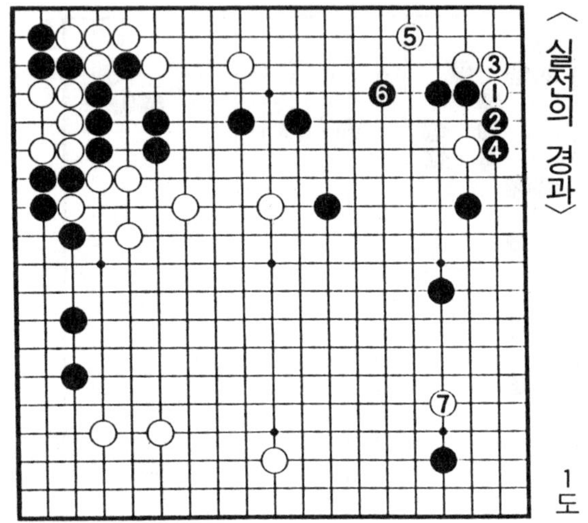

'경우'의 놓는 방법

天元 하지만 멋대로 놓아도 좋다는 뜻은 아니겠지요?

大竹 그렇지요. '경우'에 따라 창의와 연구를 해야 하는 것입니다. 저는 1도 백1·3으로 젖혀 붙이고 백5로 미끄러졌읍니다. 흑은 6의 뜀. 그리고 선수를 잡아 백7의 걸치기로 돌았읍니다. 天元씨, 정석 박사로써 무엇인가 느껴집니까?

天元 아무래도 이상하군요. 젖혀 붙여 백5에 미끄러지는 것은 아마 흑6에 돌이 있는 경우이지요? 즉 백 날일자 걸침, 흑 한 칸 뜀(6), 백 3·3 들어가기 일 때 이 정석이 살아나지요.

星子 그것을 나중부터 흑6에 놓았기 때문에 기본 정석으로 돌아간 것이군요.

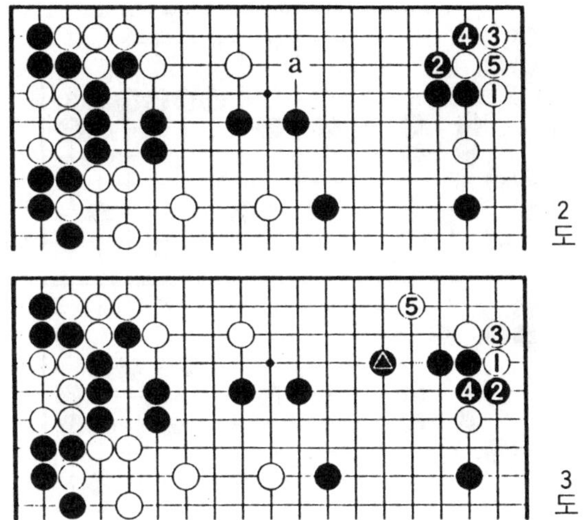

大竹 물론 이렇게 놓는 것은 이유가 있읍니다. 처음부터 보아가자면 2도 백1에 흑2 쪽을 누르는 것은……

天元 백3부터 5가 되는군요. 흑2 쪽을 눌러도 상변이 구석 비우기가 되지 않읍니까? 흑a로 막지 않으면 안 됩니다.

大竹 상변을 에워싸려고 하는 것은 방향이 반대가 되지요. 여기에서 중요한 것은 상변 보다도 우변입니다. 그러므로 흑2는 바르지 않읍니다.

天元 그러니까 아까 제가 말한 것은 3도입니다. ●의 돌이 있을 때, 백1부터 5의 놓는 방법을 사용합니다.

大竹 그렇읍니다. 실전은 이렇게 돌아갑니다. 백5에 ●으로 뛴다는 것이니까. 이 ●의 뛰기는 중요하고 반대로 ●의 곳에 대각선 방향으로 두어지면 공수의 장소가 바꾸어 버립니다.

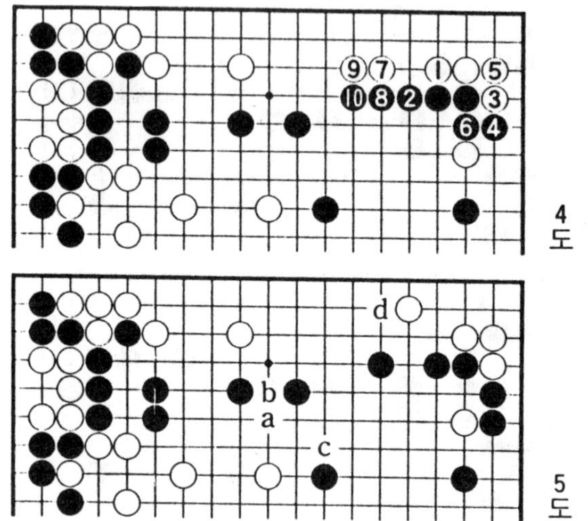

4
도

5
도

星子 그러면 ●가 없을 때는 보통 어떤 식으로 놓는 것입니까?

天元 모르겠어? 4도 백1로 미는 거야. 그리고 젖혀 붙이기로 백7에 뛰는 것이 정석이야.

星子 생각났어요. 간단한 것이군요.

天元 이렇게 놓으면 안되나요?

大竹 이 바둑에서는 흑8·10으로 완봉되어 버렸지요. 물론 이렇게 되는 경우도 있읍니다. 5도(실전)와 비교해 보십시오.

天元 으음. 그 비교라는 것이 약하군.

大竹 5도는 중앙의 흑이 다소 얇기 때문에 백a, 흑b, 백c 등이 낫습니다. 흑d의 붙이기가 남아 있읍니다. 그러므로 5도는 4도에 비교해 볼 때 일장일단이 있는 것이지요.

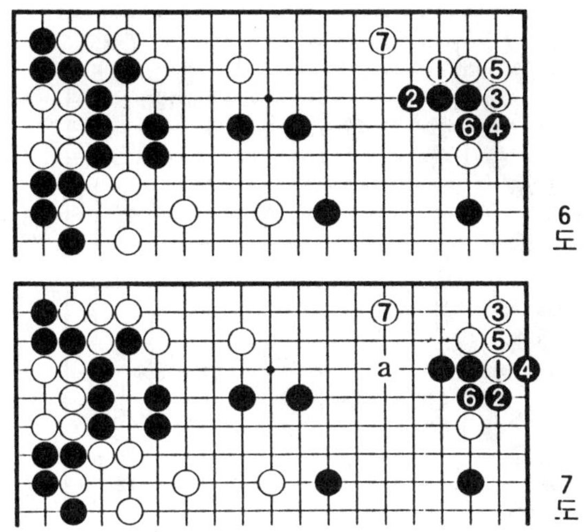

6도

7도

天元 그렇다면 어느 쪽이 좋다고 말할 수 없는 것입니까?

大竹 말할 수 없읍니다. 두 가지 방법이 있다는 것 외에는. 그러나 天元씨는 실례지만 **4도**처럼 놓으시겠지요? 아무런 생각없이. **4도**와 **5도**를 깊이 생각해 보는 것도 중요합니다. 그런 다음 두 가지 길 중 자신이 좋아하는 쪽을 택하는 것입니다. 이 경우도 **4도**는 형을 정해버리는 방법. **5도**는 형을 정하지 않고 가는 방법. 저는 정하지 않는 방법을 좋아하기 때문에 **5도**를 선택했던 것입니다.

星子 문제는 두 가지 그림이 떠오르느냐 하는 것입니다. **6도**처럼 백1로 들어간 다음 7로 미끄러지는 것은 없읍니까?

大竹 그것은 어중간한 것입니다. 대각선으로 미끄러져 간 다음 백1로 쓸데없이 길 필요는 없고 **4도**처럼 뛰어

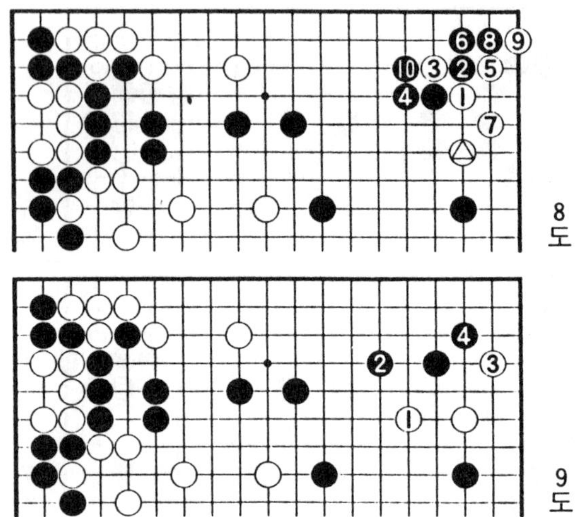

8
도

9
도

야 할 것입니다.

　天元　7도 백3에 걸쳐 붙여서 7까지 미끄러져　가는 것도 있지요?

　星子　저 본론과는 좀 멀리 떨어진 것일지도 모르지만, 8도 3·3으로 들어가지 않고 백1로 붙여가는 사람이 있읍니다.　이 경우는 어떻게 되나요?

　大竹　이 케이스는 △의 돌을 버리지 않고 푸는 전법입니다.　흑2에 백3으로 들어올 것인데, 흑10까지　정석대로 놓아져 있고 아무런 불만도 없읍니다.　흑은 두꺼운 수이니까요.

　星子　9도 백1로 뛰는 것은 어떻읍니까?　정정당당하게.

　天元　흑2라면?

　星子　백3으로 미끄러지는 것입니다.

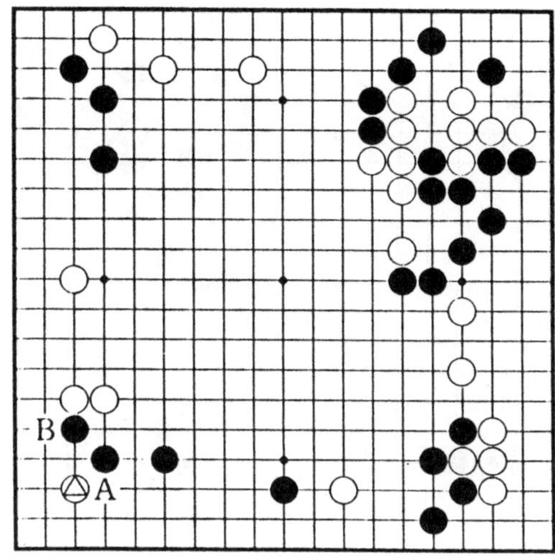

제10문 땅이냐 외세냐

大竹 지금 △에 들어간 참입니다.

天元 하하하, 자주 있는 요령이군요.

星子 이상하군요. 마늘모 붙이기인데 들어가다니.

天元 星子 씨이니까 그런 말을 하지. 땅을 거칠게 하는 것을 아주 싫어하니까.

大竹 땅이라고 생각해서는 안됩니다. 화점의 돌이 3·3에 넣어지면 적든 많든 거칠어지는 법이지요. 그렇게 생각하는 것이 마음이 편해요. 그리고 △에 대해서 흑은 어떻게 대응할까요?

星子 저는 흑A입니다. 그렇게 말씀은 하시지만 역시 땅을 취하고 싶으니까요.

天元 저는 흑B입니다. 땅을 잃어도 좋아요.

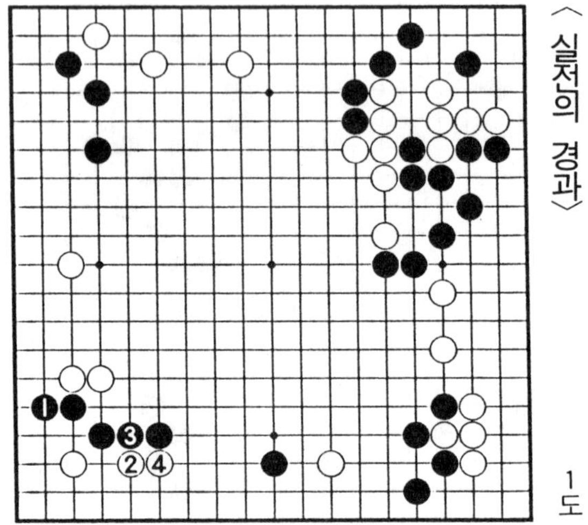

단호하게 내려야 한다

天元 大竹 선생님도 내리시겠지요?

大竹 네. 1도처럼 놓았읍니다.

天元 여기에서 大竹 선생님과 제 기력은 일치하였군요.

星子 어머나? 한 수가 겨우 같았다고 너무 좋아하시네요.

大竹 星子씨, 강하게 추급(追及)하지 않도록 하십시오. 뭐니뭐니 해도 다음의 한 수가 중요합니다. 아무튼 이 형에서는 80%는 흑1에 걸린다고 생각해 주십시오. 내려서 바깥쪽의 백, 즉 좌변의 3점의 공격을 노리십시오. 흑1은 강한 수라고 할 수 있지요.

天元 땅을 거칠어지게 하지 않을 수는 없군요!

大竹 위세가 좋기 때문이지요. 실전은 1도에서 2도로

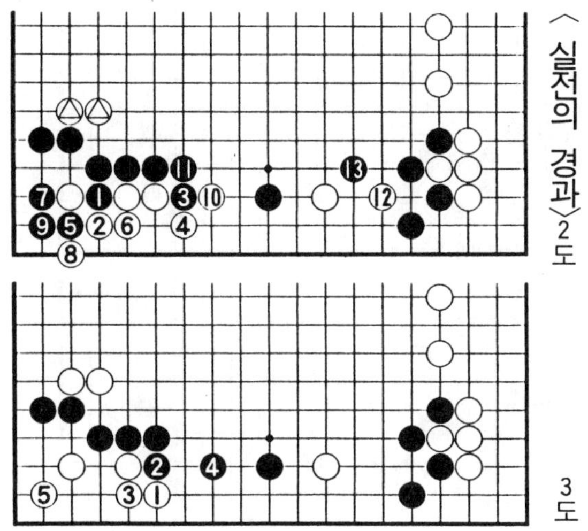

진전되어 갑니다. 우선 호각 진행이지요.

　星子　역시 땅을 어지럽히는군요.

　大竹　하지만 구석에 흑의 땅이 몇 칸 있읍니다. 거기에 흑은 등이 두꺼워져 있고 △의 두 점을 약하게 하고 있읍니다. 그러므로 땅을 어지럽혀도 호각. 星子씨는 종합적으로 판단하면 좋을 것입니다.

　天元　하지만 이 3·3 들어가기는 여러 가지 정석이 있지요? 1도에서 2도의 진행은 워낙 유명하여 알고 있읍니다만……

　大竹　정석을 복습해 볼까요? 수를 읽는 공부가 되니까요. 우선 3도 백1에 변화가 있읍니다. 흑2에서 4로 뛰면 백은 구석에서 산 갈림길이 됩니다. 흑은 땅은 손해를 보았지만 선수를 잡아 두꺼운 수.

　天元　실전은 구석에 흑의 땅이 있지요. 백으로써는 구

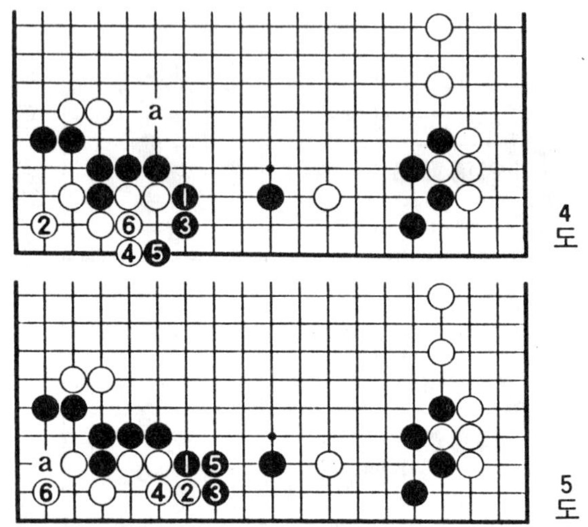

석에서 살아나는 수는 없을까요?

大竹 있읍니다. 4도 혹1로 젖혔을 때 백2로 붙여버리는 것입니다. 백6까지 놓은 다음 혹a로 뛰는 것이 좋은 수가 되는 경우도 많은 것 같읍니다.

天元 5도 혹1에 백2로 젖히는 것은 부디 구석을 취하여 주십시오. 그 대신 주변에서 살게 해 주십시오, 하는 뜻이 되는군요.

大竹 그럼에도 불구하고 구석을 끊어 취하지 않고 혹3으로 2단 젖히기. 백6까지 진행됩니다만, 이것은 앞그림에 비하여 백의 사는 방법이 커집니다. 이 근처를 잘 판단하지 않으면 안됩니다.

星子 살리는 데는 백6의 걸어 붙이기가 좋읍니다?

大竹 a라도 좋고, 수 빼기도 괜찮읍니다.

天元 네? 살아 있는데 왜 백6이 필요합니까?

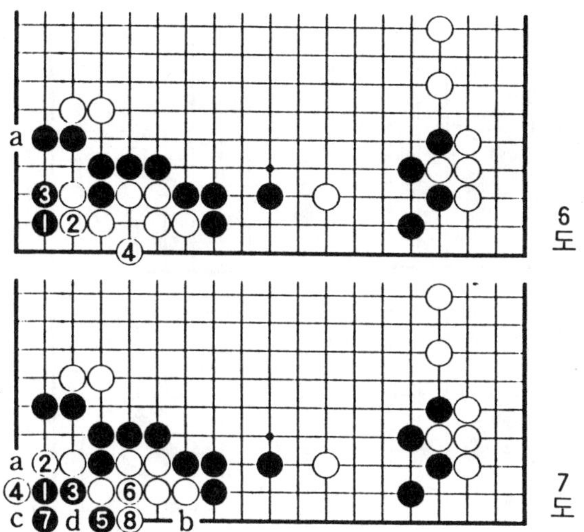

　大竹　그것은 6도 흑1·3이 크기 때문입니다. 백4로 살아야 합니다.

　星子　그렇게 큽니까?

　大竹　선수 10집 정도이지요. 아무튼 이곳은　어느 쪽이라도 빨리 놓고 싶은 곳입니다.　또 a에 흑돌이 오면 흑1, 백2, 흑4로 놓여 사(死)로, 이것은 아시겠지요.

　天元　6도의 변화입니다만 7도 흑1에 백2로 애쓰는 것은 헛수고이군요.

　大竹　그것은 백8까지의 패가 됩니다. 백8의　수에서 그만 실수로 a에 붙어 취하러가는 것은 흑b로 젖혀 죽습니다.

　天元　아, 그렇읍니까? 백c에는 흑d로 붙여 '다섯 집 가운데 수가 있다' 는 것이 되는군요.

　大竹　8도 星子씨의 흑1. 이것은요 △에 대해 공격이

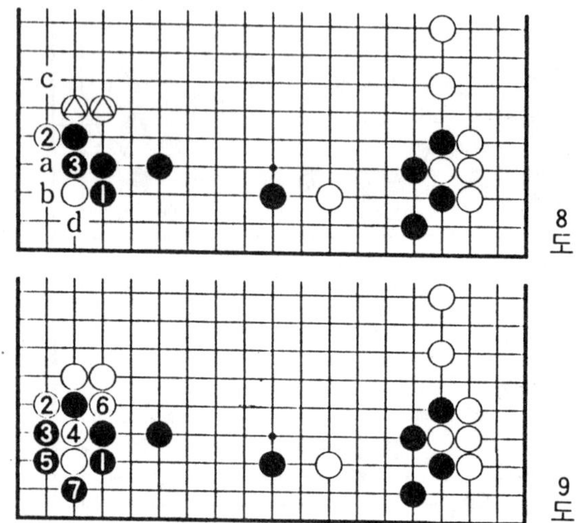

듣지 않을 때, 즉 ◯가 강할 때 놓는 방법입니다. 저 그런 케이스는 일반적으로 20% 정도밖에 없다고 생각해도 지장없을 것입니다. 부분적으로는 백2, 흑3을 살리는 것이 중요합니다.

天元 이 다음, 백a, 흑b가 되는 것이군요.

大竹 백b를 겨냥하여 c에 걸어 붙이는 것도 있으니까 당황하여 놓을 필요는 없읍니다.

星子 흑3의 이음은 필요합니까?

大竹 그것은 놓지 않으면 백d의 내림이 너무 커지는수가 됩니다.

天元 또 한가지 생각이 났읍니다. 9도 흑3에 젖히는 것도 있지요. 백4에 흑5가 속임수, 흑7로 먹힙니다. 백6에서 7은 흑6 붙임.

大竹 잘 기억하고 있군요. 이것은 철저하게 땅을 중요

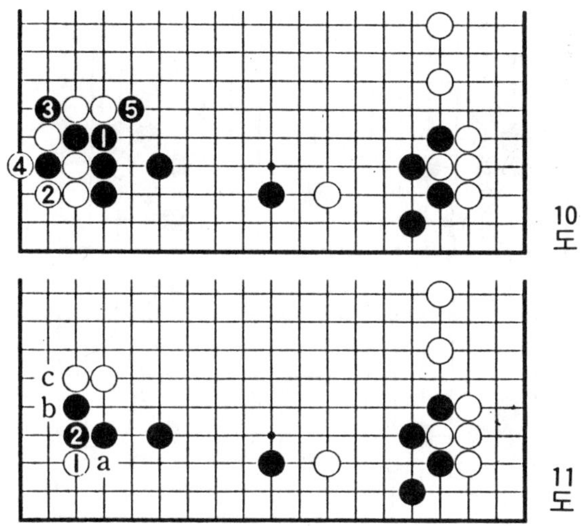

10
도

11
도

시 여기는 방법. 한 점을 빼게 하는 것이기 때문에 공격
하고 싶을 때는 이런 방법은 안됩니다. 경우의 정석으로
써 기억해 두면 좋겠지요. 경우의 수라고 하면 10도도 있
읍니다. 흑1로 붙고 3의 끊기에서 5로 젖혀가는 것입
니다.

天元 네? 땅에 매우 후한 방법이군요.

大竹 그러므로 모양을 버리고 싶은 경우 이런 것이 있
다는 것입니다. 그런데 11도 흑2라는 것을 본 적이 있읍
니까?

天元, 星子 ……

大竹 이것도 있지요. 이 다음 흑도 백도 당황하여 이곳
을 놓을 필요는 없읍니다. 흑a로 자리 잡아도 흑2가 b의
내리기의 경우에 비해 구석의 땅이 작지요. 흑a가 아닌 c
로 젖혀도 백1의 돌은 아직 여지가 남읍니다.

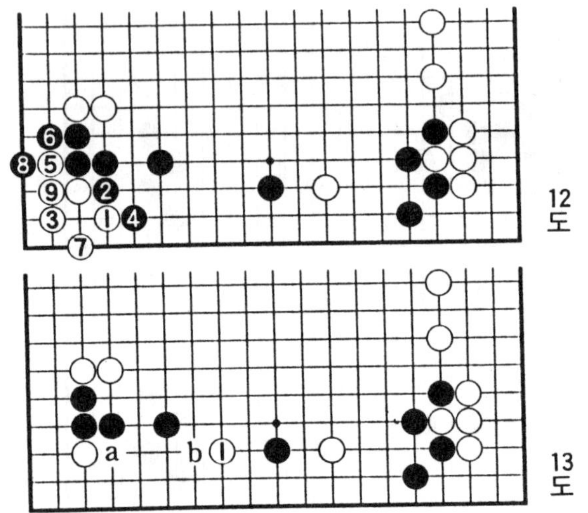

天元 그러면 백이 살아가는 것은?

大竹 12도처럼 삽니다. 그러나 이것은 사는 방법이 너무 작습니다. 흑6도 놓여져 있고, 이것은 불만. 그러므로 백도 곧 살러가지 않읍니다.

天元 어디로 놓아도 시원치 않다는 뜻입니까? 하지만 이대로 놓아 두는 것도 웬지 내키지 않는군요.

大竹 백의 목표는 오히려 13도 백1 쪽으로 이동할 것입니다. a의 움직여 내기를 보고 있읍니다. b에 백돌이 오면 백a가 성립되니까요.

星子 놀랐읍니다. 변화가 상당히 많군요. 이런 것을 모두 외워두어야 하는 것입니까?

大竹 전혀. 참고 정도로 해 두면 좋읍니다.

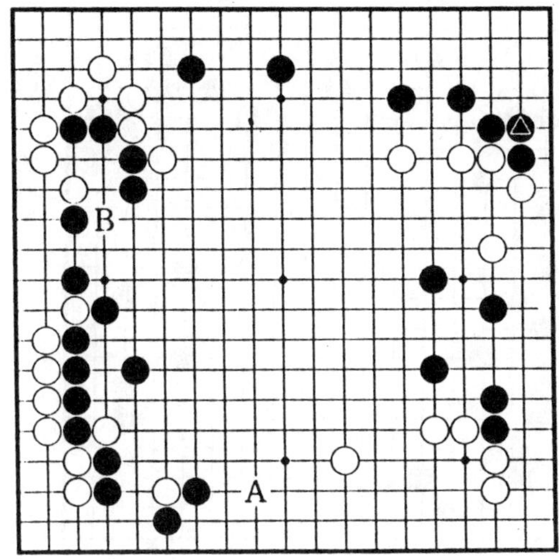

제11문 어려울 때는

大竹 이것은 그다지 좋은 문제는 아닐지도 모릅니다.
이것은 좌변에서 2선을 기어가는 것이 뭐니뭐니 해도 어
렵고, 형세는 흑이 상당히 사이를 벌리고 있기 때문입니다.
지금 ●에 붙인 참입니다만 다음 한 수는 어려움에 빠져
있읍니다. 그러므로 이런 수를 맞추어 보라는 것이 좀 이
상해서……

天元 아니 괜찮읍니다. 문제의 질 따위는 상관없읍니
다. 그런데 어려움에 빠져 있는 수가 어디일까?

星子 백A로 에워싼 것, 크지 않읍니까?

天元 백B로 젖혀져 가는 수는 아닐까요?

大竹 A나 B 보다 더욱 강하게 가지 않으면 쫓을 수 없
는 형세입니다.

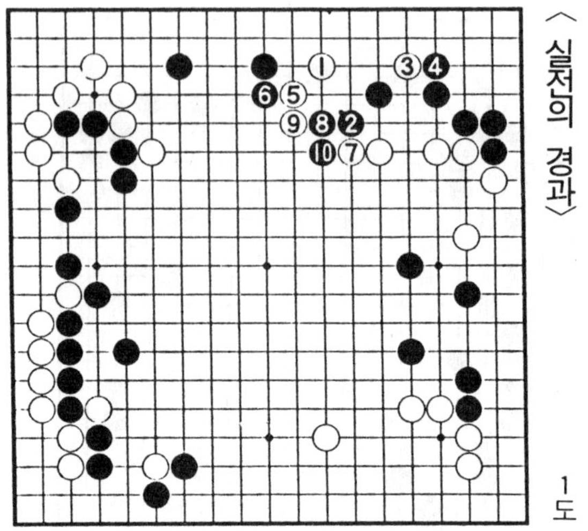

엄연하게 뛰어들기

大竹 백은 1도 1에 뛰어들어 갔읍니다. '호랑이 굴에 들어가지 않으면 호랑이를 잡을 수 없다' 이지요.

星子 아, 그곳으로. 그렇게 좁은 곳에 뛰어들어 살 수 있읍니까?

大竹 星子씨, 사느냐 죽느냐 하는 문제가 아닙니다. 이런 것은 살게 되어 있읍니다. 문제는 뛰어들어 온 돌을 흑이 어떻게 공격할 것인가 하는 것입니다.

天元 星子씨도 변함없이 시시한 것을 묻는군요.

大竹 그다지 특별한 수도 아닙니다. 실리은 흑10 까지 겨루게 되었읍니다. 그것은 아무래도 좋읍니다. 백1 에 대한 흑의 응수를 문제로 삼아 봅시다. 이런 때의 생각은 간단합니다. 2도 a에 붙이거나 b에 붙이거나 하는 것은

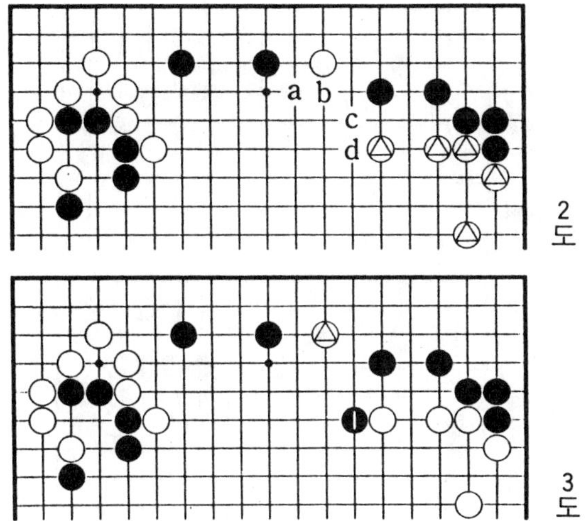

백을 가두어 살리는 방침입니다. 뒤의 벽으로 놓는 것이
되기도 합니다. c에 붙이거나 d에 붙이거나 하는 것은 ⬭
의 돌에 의지하여 ⬭의 일단에 감겨 뛰어들어 간 돌을 겨
냥하고 있는 것입니다.

　天元　알았읍니다.　공격하고 싶은 돌과는 반대쪽을 친다
는 요령이군요.

　大竹　c보다 d쪽이 의지의 느낌이 강하고 c는 또 양쪽 겨
냥 의미가 있읍니다.

　星子　a나 b가 뛰어들어 온 돌을 공격하나 하고 생각했
더니 그렇지가 않군요.　그러면 **3도**의 흑1이 ⬭에 대해
가장 강하다는 뜻이 되는군요.

　大竹　이치적으로는 그렇읍니다.　그러나 이것은 좋고 나
쁨을 도외시한 이야기입니다.

　星子　어디선가 읽었읍니다.　강한 수가 좋다고 할 수만

140

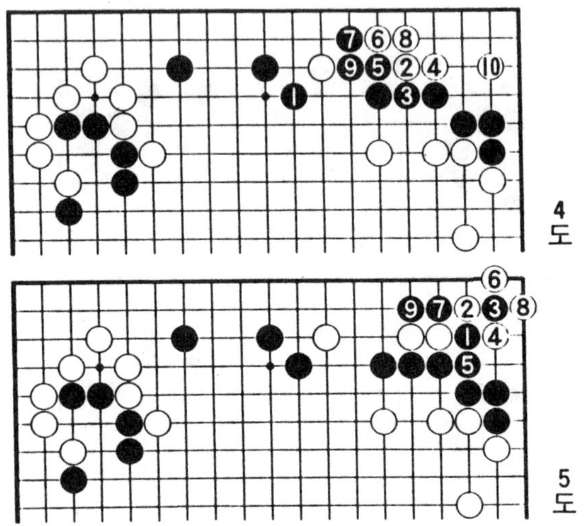

은 없다. 미지근한 수가 꼭 나쁘다고만도 할 수 없다.

　大竹　그것이 바둑의 어려운 것이겠지요. 그래도　이런 일반론을 완전히 무시할 수는 없지요.

　天元　예를 들면 **4도** 흑1로 붙이면 어떨까요? 백2로 빼는 것이 급소 같은데요.

　大竹　그렇읍니다. 흑3에 백4로 넣으면 더욱 확실해집니다. 백10까지의 집을 내어 삶. **5도** 흑1·3으로 2단 젖히는 맥도 있읍니다만 흑9까지의 바꾸기가　되겠지요. 변화는 있읍니다만……

　天元　흑은 **5도** 쪽이 단연 유리합니다. 흑의 땅도 백의 땅도 매우 다릅니다.

　星子　그렇군요. 분명히 **5도** 쪽이 좋은 것 같읍니다.

　大竹　두 분 모두 중요한 것을 한가지 빠뜨리셨읍니다.

　天元　……

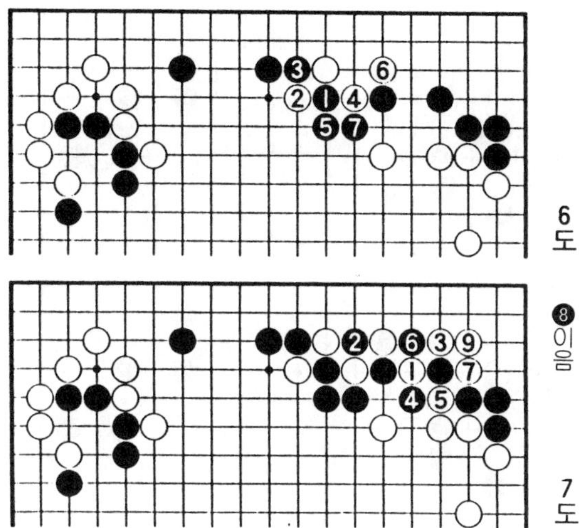

星子 저, 4도는 흑 선수이지만 5도는 흑 후수입니다.

大竹 알아차리셨군요. 한 수의 차가 있으므로 5도가 좋은 것은 당연. 그리고 한 수 차를 고려하면 5도는 흑 불만 정도가 되겠지요.

天元 선수 후수를 깜박하였읍니다. 다음에 6도의 붙임은 어떻읍니까?

大竹 여러 가지 변화가 있읍니다만 한가지만 재미있는 그림을 보여드리지요. 6도 — 7도는 어떻읍니까?

天元 이것은 도대체 무엇입니까? 백은 한 점씩 버려지고 마침내 구석을 취했군요.

大竹 재미있지요? 7도는 구석이 크기 때문에 백이 좋읍니다. 그러나 이런 방법은 그다지 권장할 만한 것이 못됩니다.

星子 8도 흑1로 지키는 것은? 구석을 단단히 취하여

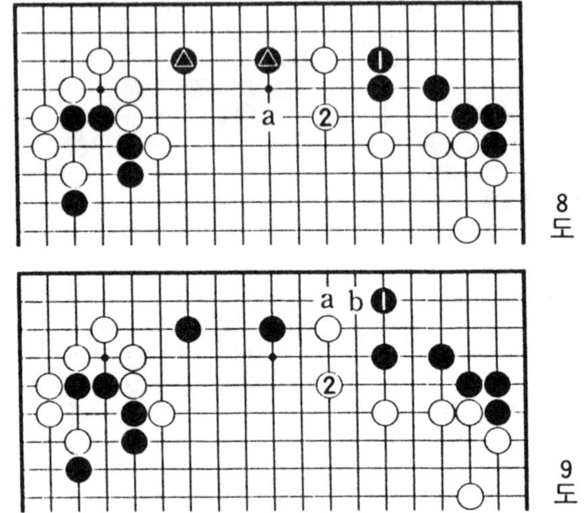

견실한 노선일 것 같은데……

　天元　처음 나온 그림이군요.

　大竹　아, 백2로 뛰어 백이 용이하지요. 백a로 뛰면 ◉가 옹색해지고.

　星子　그러면 9도 흑1은?

　天元　꼭 달라붙어 있군. 백2로 뛰어 비슷한 것.

　星子　흑a로 걸치는 수가 있읍니다.

　天元　백b의 붙이기가 있어요.

　大竹　흑a로 걸치는 것을 생각하는 것은 그리 큰 일은 아닙니다. 부디 건너가십시오 하는 느낌입니다. 8도도 9도도 너무 소극적입니다.

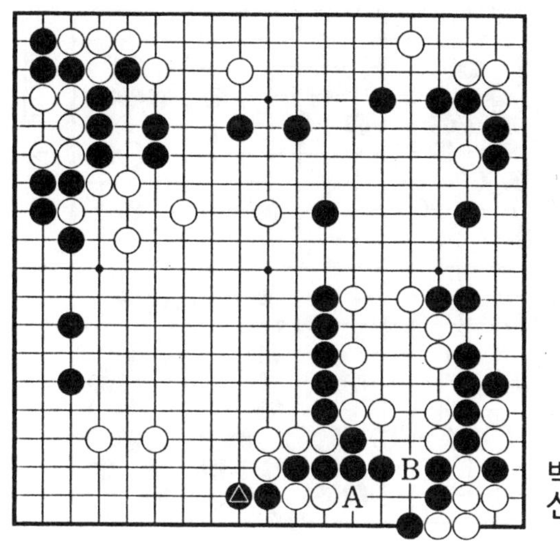

제 12 문 펀치 일발(一発)

大竹 이번에는 이해하기 쉬운 주제입니다. 지금 ●에 뻗은 장면입니다만 일발 펀치를 넣어 주십시오.

天元 촛점은 어디에 있읍니까?

大竹 하변입니다. 몇 칸을 취하면 중앙에 떠있는 백의 일단이 모두 안정되어 버립니다. 그것이 힌트.

天元 그러나 여러 가지 수가 있을 것 같은데요.

大竹 그러면 5분간 생각할 시간을 드리지요.

......

大竹 알았읍니까?

天元 알았읍니다. 백A입니다.

星子 저는 백B입니다. 이것으로 혹의 두 점은 잡혀 있는 것입니다.

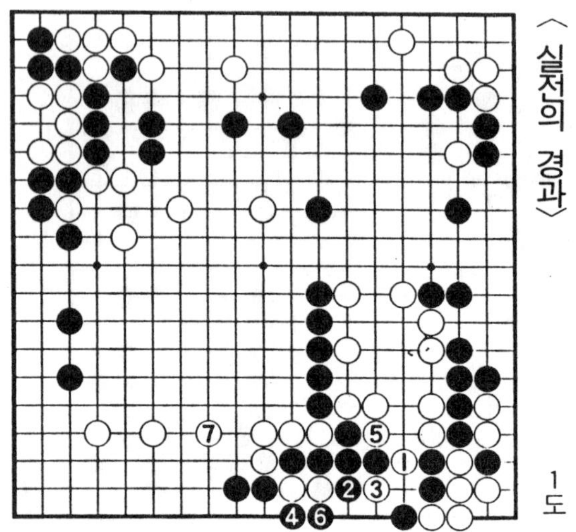

선수로 두 점 취하기

大竹 그러면 답을 말씀드리지요. 星子·씨가 정해로 100점. 天元씨는 감점으로 80점 정도입니다.

天元 졌다! 하지만 그럴 때도 있지.

星子 저도 조금은 존경해 주세요.

大竹 1도, 저도 백1에 놓았읍니다. 흑2는 할 수 없이, 여기에서 백3에 대는 것이 좋은 수입니다. 이것으로 백은 선수가 된 것입니다. 백5, 흑6을 정하여 백7로 돌릴 수가 있읍니다. 이렇게 되면 백이 좋읍니다.

星子 실은 저, 백이 선수라고 생각해 보지 않았읍니다. 백1에 놓으면 웬지 취할 것 같은 기분이 들었읍니다.

天元 역시 큰 차이로군. 내용이 전혀 달라.

大竹 하지만 天元씨 보다 우수합니다. 한 수는 알고 있

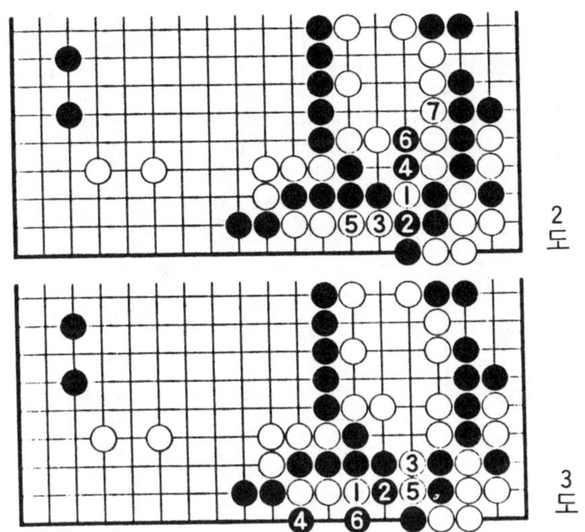

었으니까요.

   天元 2도 백1에 흑2로 버리게 하면 어떨까요?

   大竹 그것은 수 읽어 끊기의 맥입니다. 백3에서 5에 붙여 간단. 흑6에 내어도 백7에 붙어 있어 아무것도 아닙니다. 흑이 무려집니다.

   天元 그렇지만 3도 백1이 왜 안되는 것일까요?

   大竹 어떻게 됩니까?

   天元 흑2로 누르지요. 그리고 백3으로 보내는 것입니다.

   大竹 흑6까지 역시 선수로 두 점이 취해진다는 뜻이군요. 하지만 무엇 때문에 3점을 버립니까? 1도라면 두 점을 취하기만 하는데요.

   天元 그렇읍니까?

   星子 아까부터 생각하고 있었던 것인데요. 4도 백1에

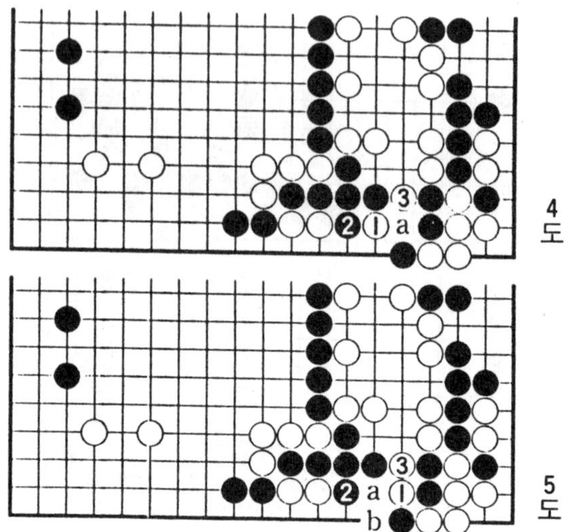

뛰어붙이는 수가 있을 것 같습니다. 그것이 정해인지 아닌
지는 모르겠읍니다만.

　大竹　잘 했읍니다. 그것도 정해.　100점입니다.

　天元　흑2에서 a는 백2로 좋은가? 흑2에서　3에서
도 백2 ……　으음 星子도 점점 대단해지는군.

　大竹　포석의 감각은 아직 초보이지만 수 읽기는 잘 하
는군요.

　天元　5도 백1은 어떨까요?

　大竹　흑2로 놓고 백3 빼기가 됩니다. 이것은 백 후수
이지요. 대폭 감점입니다. 백1의 돌이 a에 있는 것이 정
해이므로 거기에서 한 수의 차가 생깁니다. 또 흑2를 3
에 붙이는 것은 백b로 뺀 패가 됩니다.

　天元　이번 회는 집사람에게 졌읍니다.

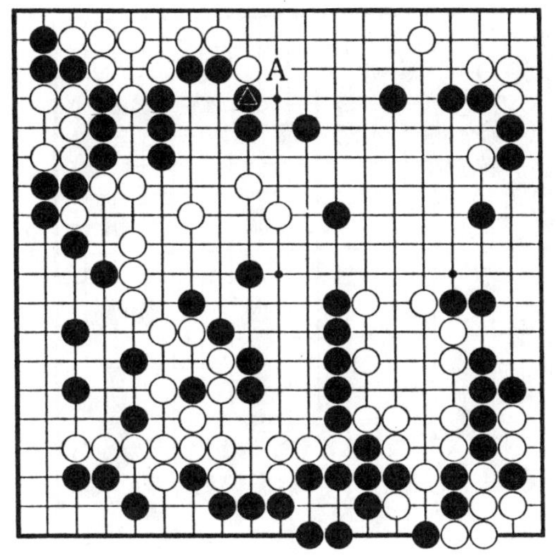

제13문 이 한 수

大竹 이번은, 저의 대실패를 보여드리지요.

天元 기다렸읍니다. 아니 우하 구석의 모양, 전제와 똑같군요.

大竹 네, 그 바둑의 계속입니다. 지금 ●에 붙여 대기를 한 참입니다만 백 다음의 수를 생각해 주십시오.

天元 보통 A에 뻗겠지요.

星子 저도 ……

大竹 그렇겠지요? 그것이면 되지요. 먼저 답을 드리자면 백 A가 정해입니다. 그런데 저는 실로 쓸데없는 수를 생각하고 말았던 것입니다.

星子 大竹 선생님도 그런 때가 있군요.

天元 저희들은 그런 걱정은 없지요.

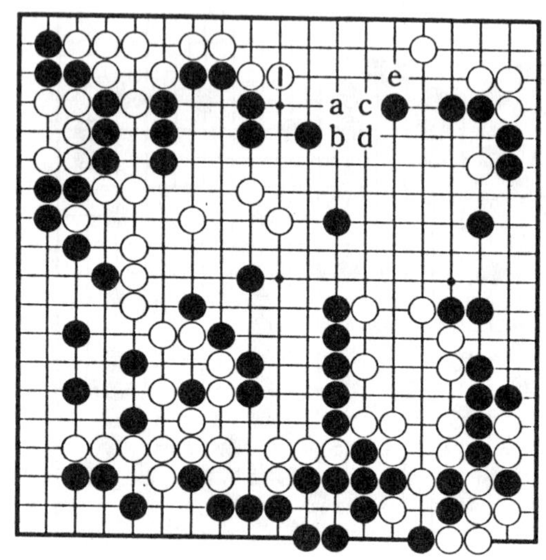

멋을 낸 것이 실패

大竹 아무튼 1도 백 1로 좋읍니다. 아무런 문제도 없읍니다. 바둑도 이것으로 유망했던 것입니다. 이 다음 백 a 이하 e라는 큰 수도 남아 있고……

星子 백의 땅이 많군요.

天元 그것을 大竹 선생님 어디에 놓으셨읍니까? 大竹 선생님의 실패, 흥미가 나는데요.

大竹 2도 백 1에 뻗었던 것입니다. 흑 2로 대어져 백 1의 경솔로 깜깜해졌읍니다. 할수없이 백 3으로 가서 여섯 점을 취했읍니다만…… 결국 흑 8의 빼기, 백 9의 여섯 점 취하기 라는 결과가 나왔지요.

天元 네? 흑 여섯 점을 얻었읍니까?

星子 백이 매우 득이 되었겠군요.

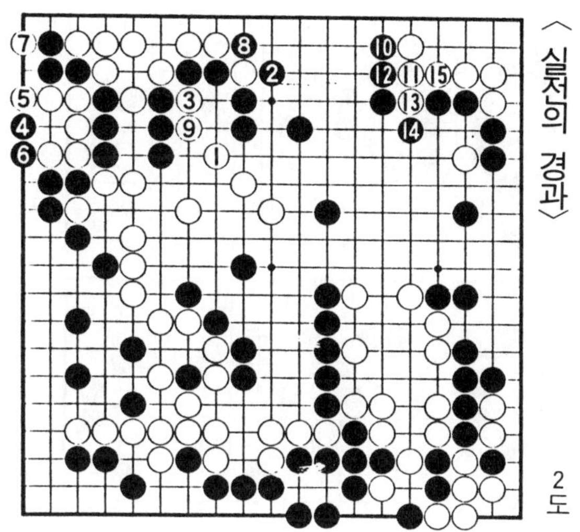

天元 이것이 실패의 원인이라니, 납득이 가지 않읍니다.

大竹 여섯 점이란 결코 적은 것이 아닙니다. 그러나 흑 2에서 8의 빼기도 큽니다. 그러므로 이것은 호각이라고 보아도 좋읍니다. 그러나 흑10으로 뛰어붙여 혹의 땅이 굳어졌지요. 원래대로 라면 백의 땅이 차지했을 땅이 혹의 땅이 되었읍니다. 이것이 백에게는 마이너스. 토탈로 백이 불리해졌던 것입니다.

星子 흑8의 빼기는 그렇게 큰 것인가요?

大竹 실질적으로도 백9까지의 여섯 점 취하기에 필적합니다.

天元 그런가요? 저희들이라면 두말 할 것도 없이 여섯 점 취하기가 크다고 생각할 텐데요.

星子 실전의 경과는 변화가 없었나요?

大竹 변화의 여지는 전혀 없었읍니다.

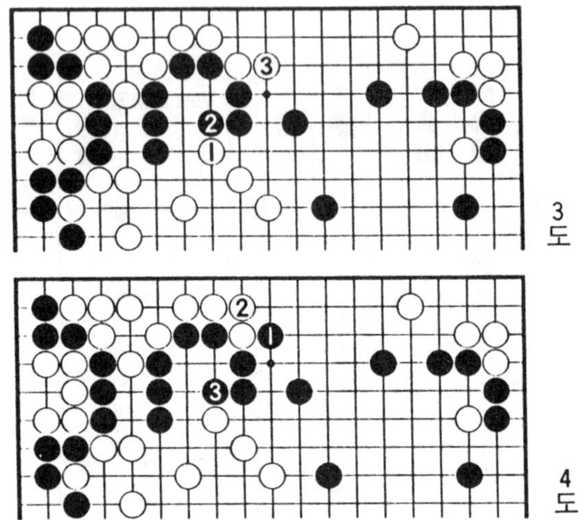

　星子　3도, 여섯 점 취하기가 싫어 흑2로 놓았읍니까?
그러자 백도 할 수없이 백3으로 뻗었읍니까?

　大竹　흑은 찬스를 잃었읍니다. 백1의 악수를　흑2로
동조하였읍니다.

　星子　그러면　4도 흑1로 대어 올 때, 백2에 붙여 두면
좋지 않을까 생각됩니다만.

　大竹　그것은 또　큰일입니다. 본래 1에 백은 뻗어져 있
지요. 그것이 흑1로 대어져 백2로 붙여져 있는 것이기
때문에 이것 또한 문제가 됩니다. 이런 것 보다는 오.히려
여섯 점을 취하는 편이 낫읍니다.

　天元　참으로 어리석은 참고도밖에 만들 수가 없군요.

　星子　흑은 여섯 점을 언제라도 구할 수 있겠는데요. 5
도 백1로 끊어졌을 때, 흑2 · 4로 도우면.

　大竹　이것 또한 문제가 됩니다. 두 점을 빼게 하는　것

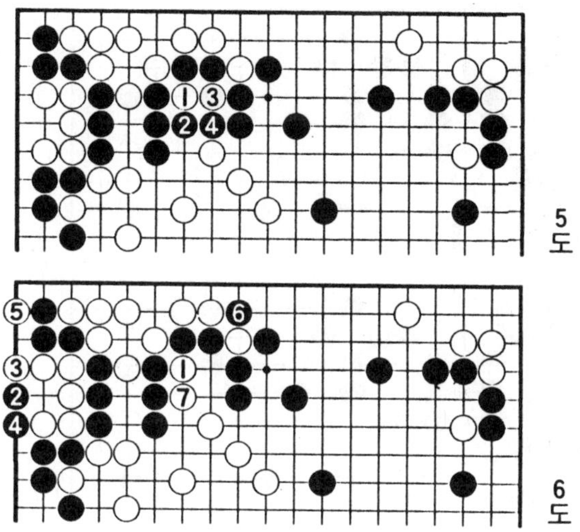

은 곤란합니다.

　天元　하지만 저희들이라면 서둘러 **5도**처럼 놓을 것 같은데요. 아, 큰일이다, 여섯 점을 취해야지…… 그런데 알 수 없는 것이 한가지 있읍니다. **6도** 백 1 때 흑 2 에서 백 5 를 놓았지요? 무엇 때문입니까?

　大竹　흑 2 에서 백 5 는 이 부분을 끝내려 할 때 놓는 방법입니다. 지금 이것을 놓는 것은 흑의 여섯 점을 버린다는 것을 전제로 한 것입니다. 나중에는 흑 2 의 놓기가 늦어질지도 모르기 때문입니다.

　天元　**7도** 단순히 백 1 · 3 으로 취해 보지요. 그 다음 흑 4 는?

　大竹　아아, 나중에 흑 4 에 놓여져 있어도 백 7 까지 아웃이 되지요. 괜찮읍니다. **8도**, 또 하나의 △ 등에 메워지면 또 흑 1 의 틈은 놓을 수 없게 됩니다. 흑 4 로 이쪽을

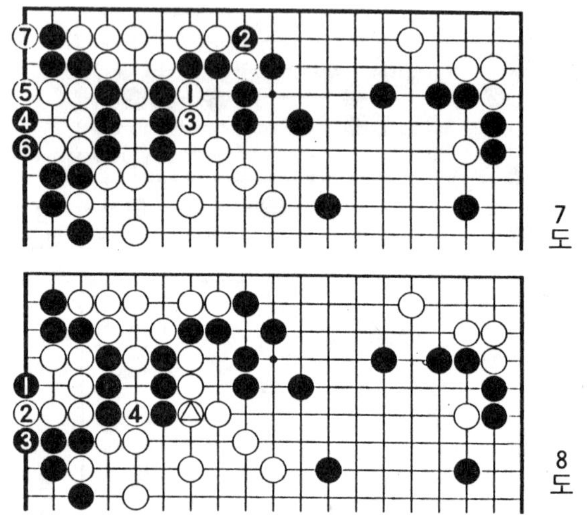

잡아버릴 테니까요.

天元 6도 흑2 이하는 반드시 놓지 않아도 좋았다는 뜻.

大竹 아니요, 그처럼 놓아도 상관없읍니다. 언젠가는 놓아야 할지도 모르니까요.

星子 그래도 그 여섯 점 취하기 보다 그 빼기가 더 유리하다니 ! 아직도 믿을 수가 없읍니다.

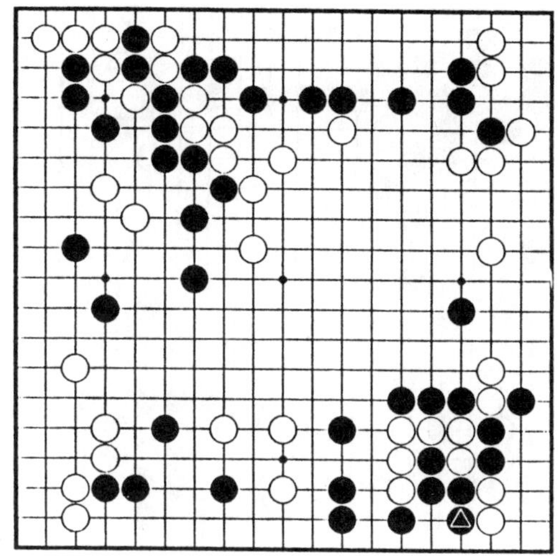

제14문 귀의 결착(結着)

大竹 이번에는 수를 읽는 훈련을 합시다.

天元 星子가 특기인 분야로군.

大竹 ●로 눌러지는 경우입니다만 여기에서 백에 좋은 맥이 나왔읍니다. 도대체 이 구석은 어떻게 될 것인가 하는 것이 주제입니다.

天元 무엇이 무엇인지 한번 쓱 보아서는 잘 모르겠읍니다.

大竹 5분이나 10분 생각해 볼 여유를 드리지요. 바같의 백 여섯 점은 공배지만 3수 비어있는 점에 주의해 주십시오.

··············

大竹 아셨읍니까?

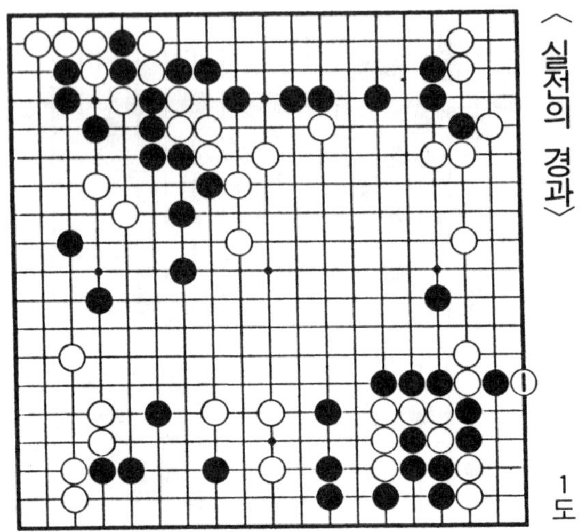

끼워 붙이기가 묘수

大竹 제 1 수도 모르겠읍니까?

天元, 星子……

大竹 저는 1도 백1로 끼워 붙였읍니다. 이것이 부분적으로는 최강.

天元 끼워 붙이기일 줄은 몰랐읍니다.

大竹 2도가 실전의 진행으로 결과는 패. 큰 패입니다.

天元 2도는 백2의 뛰어 붙이기 등 어렵군요. 혹은 패를 피할 수 없읍니까?

大竹 방법이 없읍니다. 그리고 이런 큰 패가 되면 백도 우선 성공이라고 보아야겠지요. 그러면 처음부터 하나하나 보아갈까요? 그 전에 2도의 실전 순서를 잘 기억해 두어 주십시오.

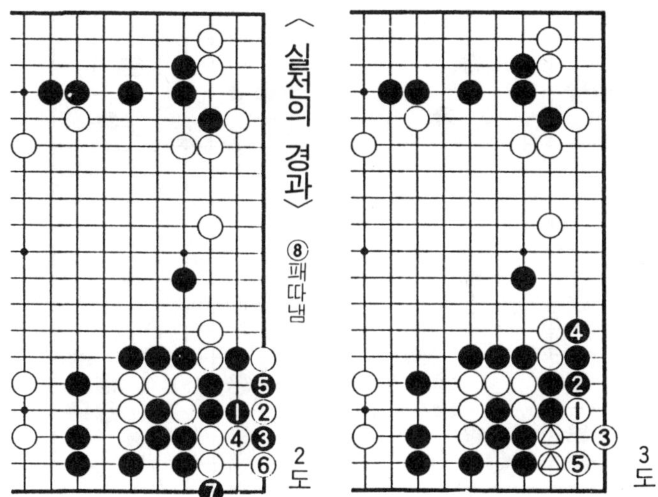

星子 저 처음에 생각했던 것은 **3 도** 백 1 · 3 의 젖혀 걸어 붙이기입니다. 흑 4 라면 백 5 에서 살릴 수 있을테니까.

大竹 星子씨의 단계에서 그것을 읽을 수 있다는것은 훌륭합니다. 그러나 그것은 △의 두 점에만 관계되는 맥으로, 이 백 두 점은 살리려고 생각하면 언제나 살릴 수 있는 것입니다. 어떻게 놓아도 살아있읍니다.

星子 그렇읍니까? 저 △가 어떻게 되든지 그것만 생각하고 있었읍니다.

天元 근시안적.

大竹 귀를 살리는 것으로만은 부족합니다. 왼쪽의 백 여섯 점, 윗쪽의 백 두 점, 셋으로 분단된 백돌을 전부 활용하고 싶읍니다. 그것이 **1 도 - 2 도**의 놓는 방법이라고 할 수 있겠지요,

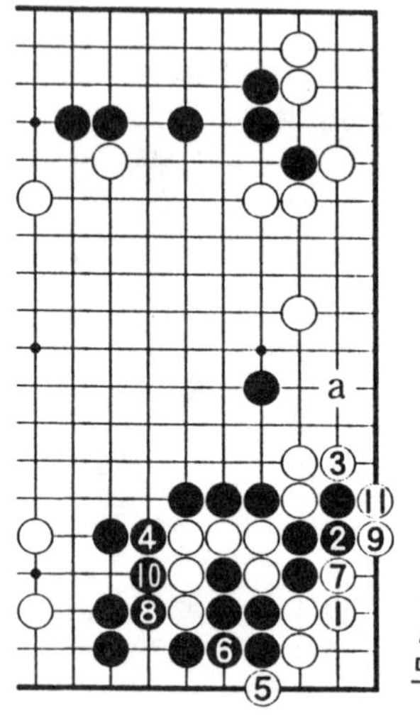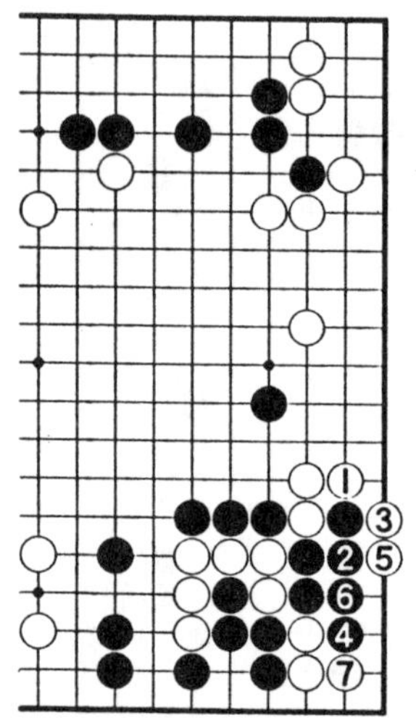

4
도　　5
도

　　天元　깊게 생각해야 하는군요. 과연, 왼쪽의 백 여섯 점을 깨끗이 포기하는 것은 너무 아까운 것 같습니다.

　　大竹　그러면 계속할까요? 다른 방법이 있습니까?

　　星子　4도 백1의 구부리기가 있습니다. 흑2의 붙이기는 이 수이지요. 그리고 백3으로 누릅니다.

　　大竹　하하, 백5를 대고 7에서 11까지 걸치려는 것이군요. 이것도 앞의 3도와 같이 귀를 살리려는 발상입니다. 흑10으로 두껍게 빼는 것은 힘든 일이지요. 게다가 1선을 걸쳐도 전체 백에 눈이 없습니다.

　　天元　흑a다! 과연 이것은 흑에 있어서 얼룩이지요.

　　星子　다음 5도 백1로 이쪽을 누르는 것이 있습니다.

　　大竹　흑2로 붙이면?

　　天元　……　이상하군. 이 형, 백3으로 젖혀 취하고 있지요?

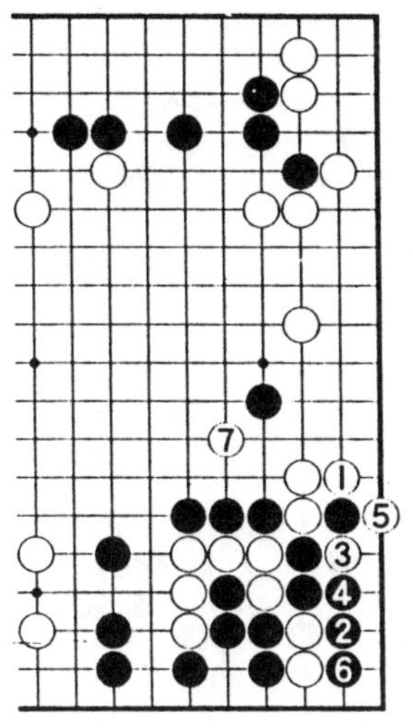

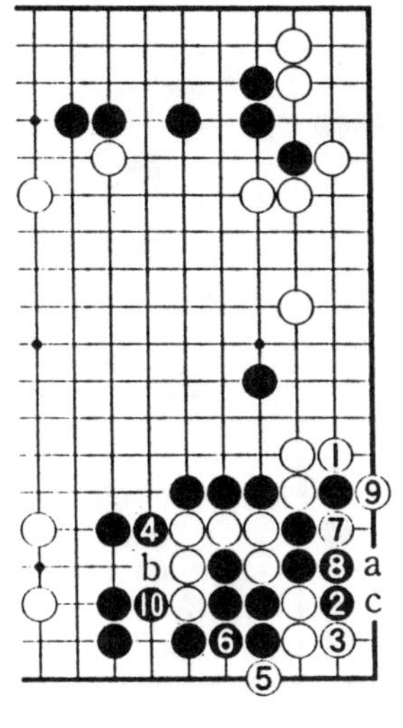

大竹 하하하, 시험삼아 물어 본 것입니다. 그것은 흑의 낭비이므로 **6도** 흑2로 젖히게 됩니다.

星子 백3·5으로 끊어 취하면.

天元 흑6. 이것은 추급 부족일 것입니다. 한 점 끊어 취할 정도라면……

大竹 그렇지요. 끈기가 부족합니다.

星子 웬지 머리가 복잡해지는군요. **7도** 흑2에 백3으로 누르면 어떻게 될까요.

大竹 흑4로 여섯 점 취하러 갑니다.

天元 백7·9로 빼고 흑10으로 백a, 흑b, 백c로 건넙니다.

大竹 곧 건너지 않더라도 건너기를 남기는 것만으로도 번다는 뜻입니까? 그래도 흑b로 여섯 점을 들어올리는 것은 뭐라고 해도 불만. **7도**는 **4도**나 **6도** 보다는 좋읍니

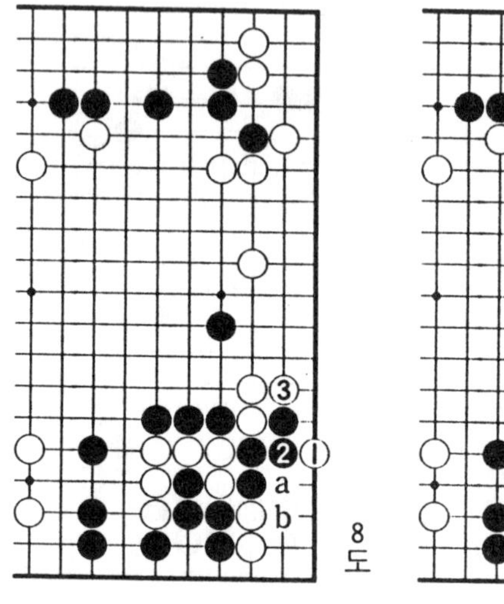

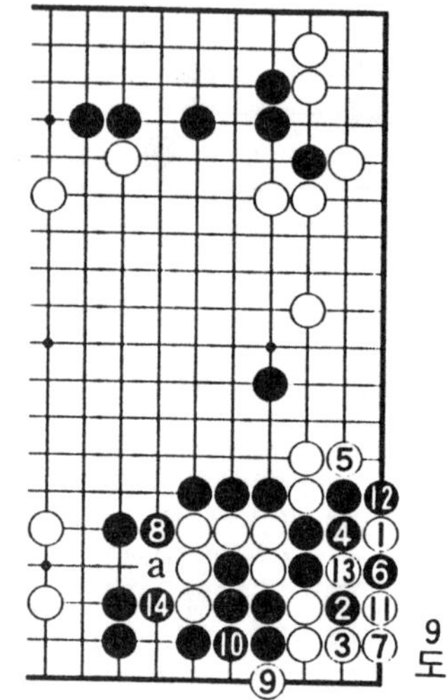

다만.

天元 이렇게 된다면 샅샅이 뒤져 보기라도 해보지요. 2 선의 수는 전부 해 보았으니까, 이번에는 1 선의 수이다.

8 도 백 1 의 두기는 어떨까? 이곳 웬지 급소 같은데요. 흑 2 로 붙이면 백 3 에서 좋을 것이고.

　星子 흑 2 에서 a라면 백b로 눌러 취할 수 있을 것 같은 데.

　大竹 그것은 흑이 좀 곤란합니다. **9 도** 흑 2 로 젖혀 버티지 않으면 안됩니다.

　天元 도대체 어떻게 되는 것입니까?

　大竹 백 3 으로 누르고 순서는 길지만, 흑 14 까지. 그 다음 백은 1 의 장소에 패 잡기, 흑a 빼기, 백 6 의 장소에 붙여 귀를 살리게 됩니다.

　大竹 아니 순서는 길지만 결국 귀를 살리고 싶다는 말.

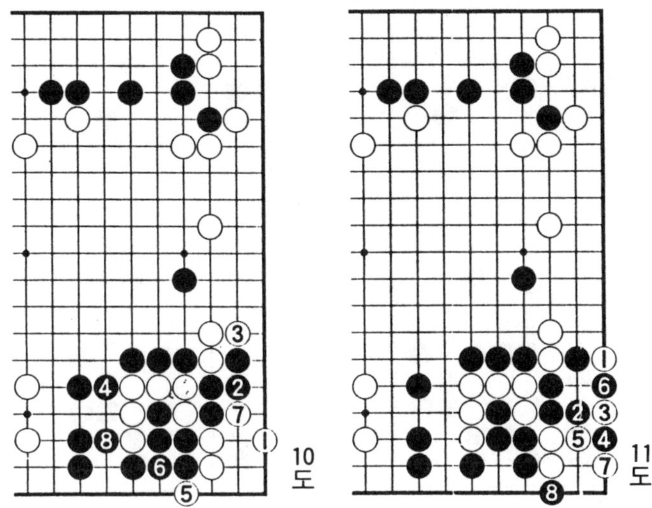

　　大竹　대산명동(大山鳴動)에 쥐 한 마리이지요. 또 10도
백 1에 놓는 것도 있읍니다만 흑 2에 붙여도 좋겠지요.

　　天元　백 3에는 흑 4로 잡으러 가겠지요. 백을 살려도
좋고. 이미 요령은 알았읍니다. 백 여섯 점을 취하여, 백
은 귀를 살리거나 건너거나 하는 것이 많겠지요.

　　大竹　그런 식으로 형이 만들어져 있는 것입니다. 그러
므로 결국 전체적으로 사건을 일으키기에는 11도 백 1로
끼워붙이는 수밖에는 없는 것입니다.

　　星子　실전 순서를 다시 한번. 흑 2의 구부리기에 백 3
뛰어붙이기이지요. 흑 4부터 8까지의 패입니까?

　　大竹　말하자면 간단. 아무런 의문도 없겠지요?

　　天元　당치도 않읍니다. 이 순서는 모르는 것 투성이입
니다.

　　星子　12도 흑 2로 나가는 것은……

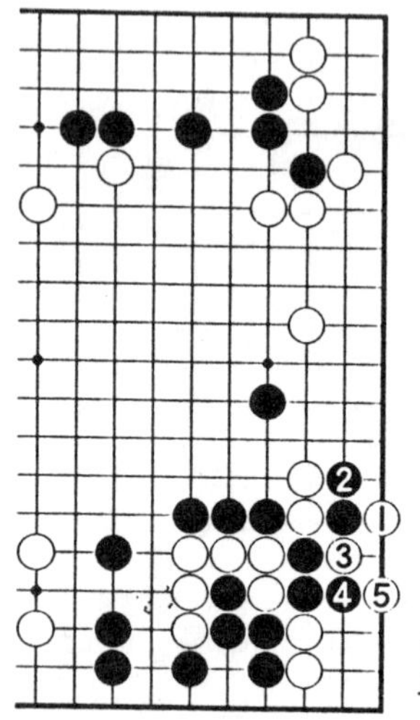 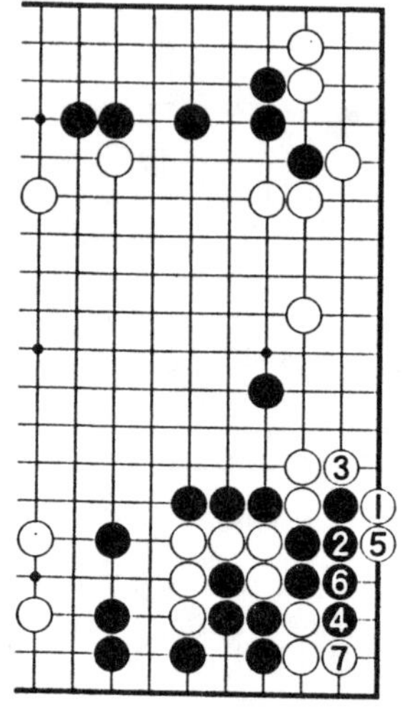

大竹 그것은 가장 심플. 초급자에게 맞는 것이지요.

星子 백 3 · 5로 패가 되는 것입니까? 어머나, 억울해라.

天元 어째서 ?

星子 초급자에게 맞는 것이라니까요.

大竹 걱정하지 마십시오. 걱정하지 말아요. 13도 백 1에 대해 혹 2로 붙어서는 안됩니다. 天元씨의 특기인 것으로……

天元 무엇이 특기이지요 ? 잘 모르겠는데요. 으음 백 3에 누르는 한 수던가 ?

星子 혹 4라면 백 5 · 7로 좋지요. 아까 나왔었어요.

大竹 星子씨의 특기인 것 같군요. 그러면 14도 혹 2의 뛰기는 ?

天元 묘한 수로군요.

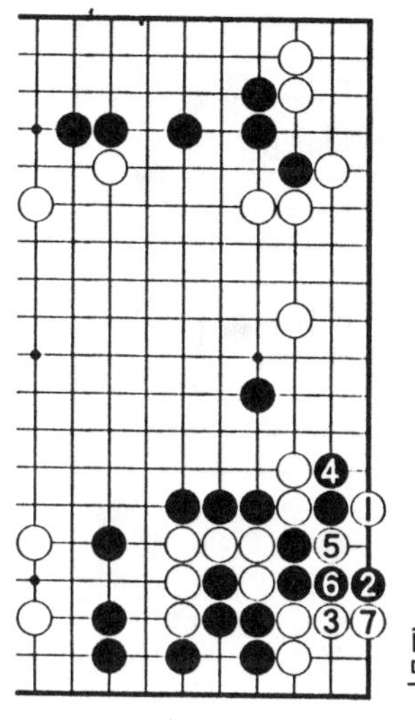

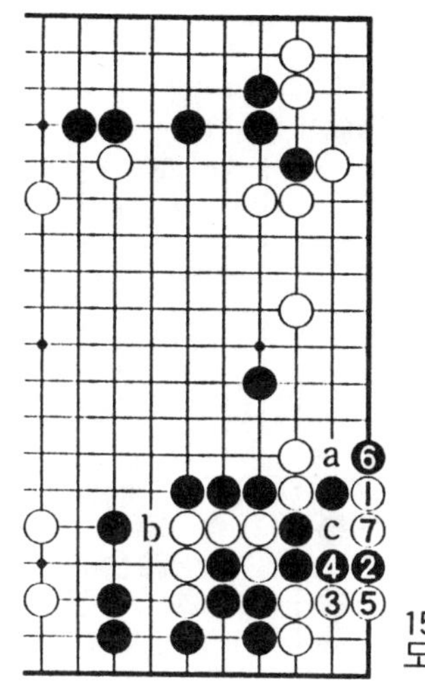

大竹 실례. 이런 수는 자주 있는 것은 아니지만 수 읽기의 훈련이라고 생각해 주십시오.

天元 ……

大竹 백3에 놓으면 그것으로 좋읍니다.

天元 흑4로 놓읍니다.

星子 아, 天元씨라면 수가 보이지 않을 것입니다.

大竹 하하하. 15도 백3에 흑4로 붙이면?

星子 백a에 누르거나 하는 것은 흑b로는 안되나요?

大竹 백5로 좋읍니다. 다음에 놓아 되돌린 다음 흑6. 이 때, 백7이 좋은 수. 흑c로 빼면 백a로 좋읍니다. 백7을 a로 끊는 것은 흑7에서 패가 됩니다.

天元 15도는 재미있군요. 그런 맥이 있읍니까?

大竹 16도 흑2의 젖히기는 있는 수이고, 이것도 역시 패가 됩니다. 흑4 연결 때 백5 붙이기가 중요. 흑6에

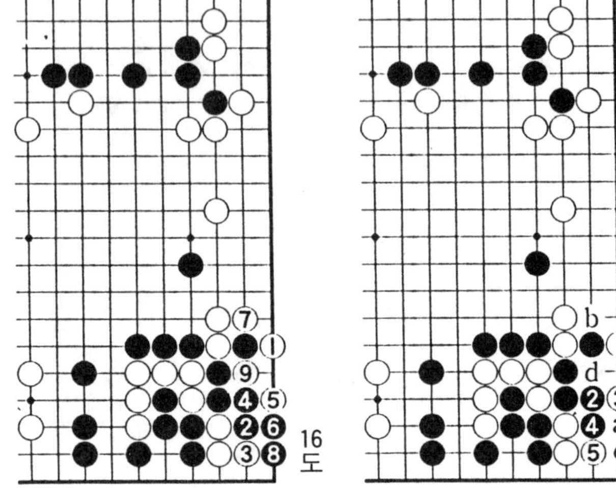

는 백7 부터 9 까지이니까요.

星子 17도, 실전은 흑2, 백3이 되는군요. 여기에서 흑4로 내는 것은?

大竹 백5에 누르기와 같습니다. 흑a는 백b, 흑c, 백d로 내고 흑c에 젖히는 것은 물론 백d의 멀리 넣기.

天元 이런 것으로써 실전과 같이 큰 패가 되는 것이군요.

星子 아아, 지쳤읍니다.

大竹 수고하셨읍니다. 하지만 이런 좁은 장소에서도 여러 가지 변화가 숨겨져 있어 재미가 우러나는 것이지요.

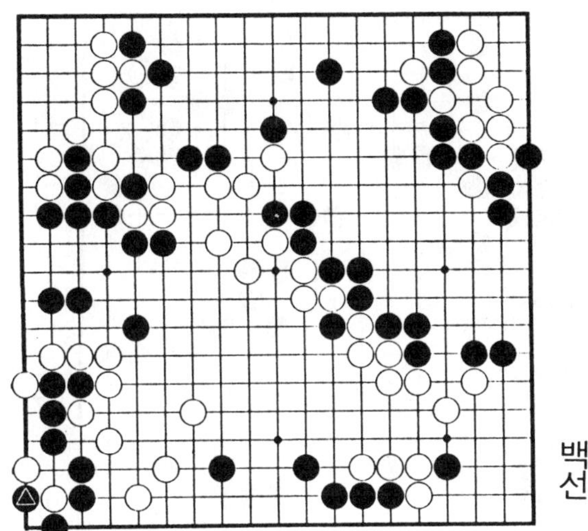

제15문 패의 대상(代償)

大竹 드디어 최후의 문제입니다. 제가 드물게 큰 돌을 잡은 바둑을 보여 드리지요.

天元 드물게 입니까?

大竹 네, 제 바둑은 큰 돌을 잡는 적이 거의 없습니다. 천천히 한발씩 전진하는 바둑이기 때문에 그런 바둑이 되지 않는 것입니다. 이 바둑도 패의 갈라 바꾸기로 큰 돌을 잡은 것에 지나지 않습니다.

星子 어디에 패가 있는 것일까요?

大竹 좌하 구석, 지금 ●으로 패를 잡은 참입니다. 백은 어디에 패의 갈라 바꾸기를 구하는가 하는 테마입니다.

天元 가득히 패의 재료가 있을 것 같군요.

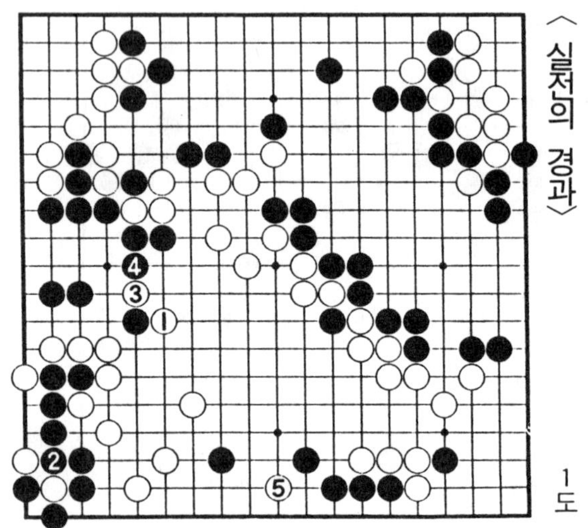

목표의 강화

大竹 저는 1도 백 1에 붙였습니다.

天元 네? 도대체 무엇을 노리고 계신 것입니까?

大竹 찔러 대기 패를 세울 생각입니다만, 흑이 받을 수 없으면 좌변 일단과 하변 일단을 본격적으로 덤벼들어 가려는 것입니다.

星子 그런 것을…… 마치 우주적인 것을 생각하고 있는 것 같군요.

大竹 우주적이라는 것은 지나친 말씀입니다. 실전은 기합으로 흑 2로 빼버렸읍니다만 백 1에 무엇인가 받아둔 것도 있겠지요?

天元 하지만 흑 2도 뺐다. 네, 취할 수 있는 것이라면 취해야겠지요.

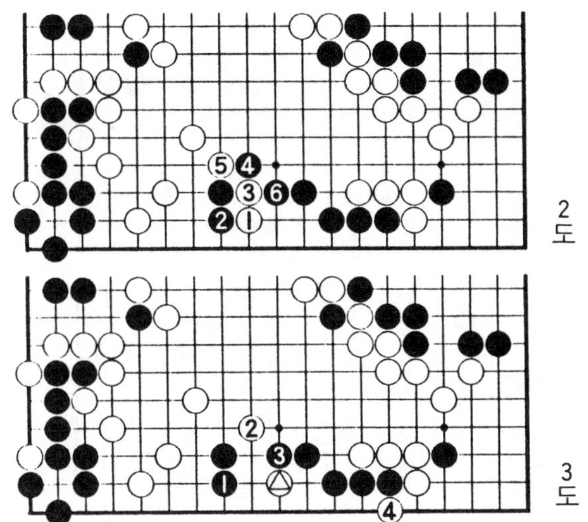

大竹 패가 해결되었으면 어느 쪽인가의 일단을 취하지 않으면 집니다. 저는 백3의 젖히기를 살리고 백5로 두었읍니다.

天元 굉장하군요. 하지만 백도 필사적이겠지요. 취하지 않으면 진다……

大竹 백5로 취하여 갔을 때, 백1·3의 두 수가 반드시 작용할 것이라고 생각하고 있었읍니다.

星子 무슨 말인지 잘 모르겠는데요.

大竹 이것은 직감입니다. 星子씨, 2도 백1 쪽에 두는 것은 금물입니다.

天元 흑2에 누르면 좋겠지요?

大竹 보통은 백3·5로 조이는 맥에 들어갑니다만, 이 경우는 단순한 조이기로는 안됩니다.

天元 그러면 3도 △에 놓았던 것이군요. 이것에 대하여

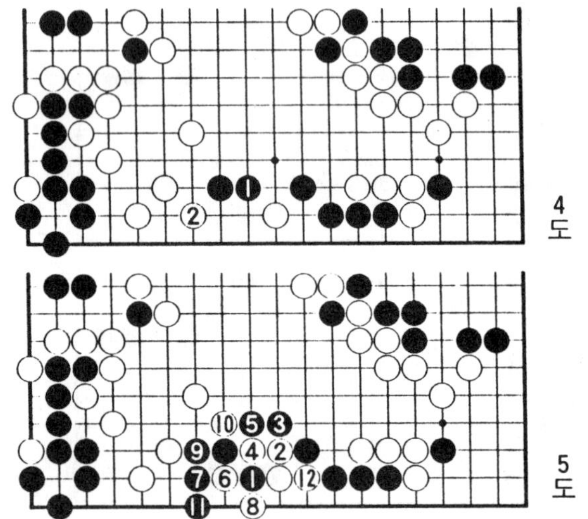

흑1로 견디는 것은?

大竹 백2에서 4 젖히기로 눈은 불가능합니다. 그러나 이 그림은 위험합니다.

星子 4도 흑1로 견주는 것은?

天元 맥이 나쁜 것 같은 수로군요. 백2로 두어 역시 눈은 불가능. 5도 흑1은 어떨까요. 이 마늘모 붙임은 유력하게 보이는데요.

大竹 백2·4로 쑥쑥 나옵니다. 백10으로 푹 찔리면 흑은 뿔뿔이 흩어지겠지요.

星子 머리와 손발이 뿔뿔이 흩어지면 살 수 없겠군요.

大竹 실전은 6도 흑1로 밀었읍니다. 백2는 당연합니다. 이 수로 3에 뻗는 것은 흑2로 눌러서 살아버립니다. 흑3·5의 건너기도 별 수 없읍니다.

天元 7도 흑1로 버티는 수는 없나요?

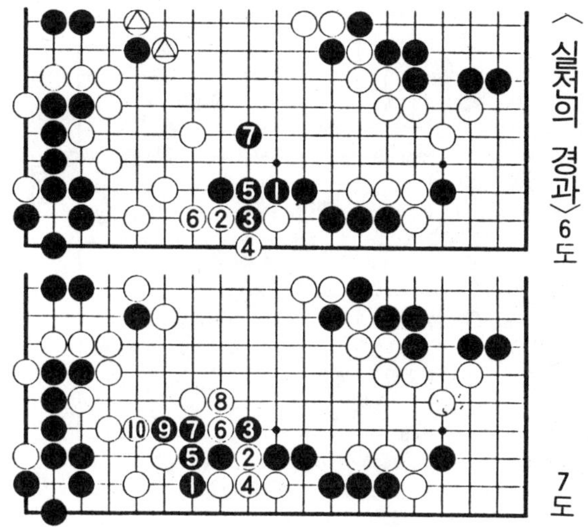

大竹 그것이 있으면 흑의 승리입니다. 백 2 · 4 로 갈라 붙이기, 백 6 에 끊는 수가 성립됩니다. 흑 7 · 9 로 낸다고 해도 결국 아무것도 되지 않으니까요.

天元 이래서 6 도처럼 되었읍니다.

大竹 흑은 하변에 눈이 하나 있다는 것을 확인해 주십시오. 흑부터 놓아도, 백부터 놓아도 눈 하나입니다.

天元 문제는 중앙에 이미 눈이 있는가 하는 것이지요.

大竹 어차피 주변에 눈 하나라면 흑 5 까지 등을 두껍게 놓는 것이 좋다는 뜻으로, 흑 7 로 뛰어 승부를 냅니다. 이 근처까지는 확실히 수를 읽을 수 있으나 이 다음이 어떻게 될지. △ 의 두 점이 작용해 준다 라는 것이 직감입니다만……

天元 그러나 흑 7 로 뛴 형은 눈 정도 있을 것처럼 보입니다만……

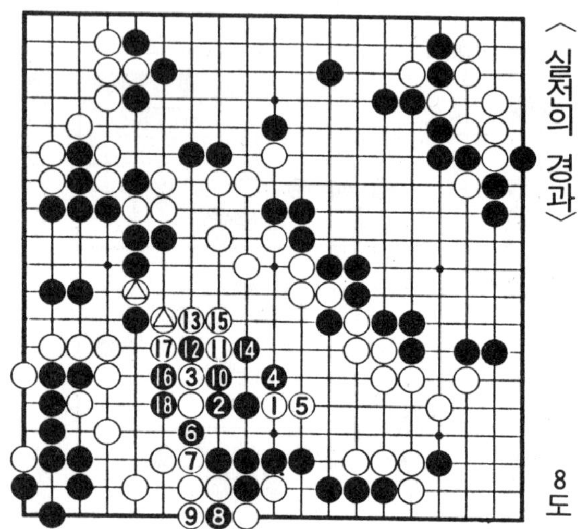

星子 살 것인지, 죽을지 가슴 뛰는 장면이군요.

天元 보고 있는 쪽은 재미있군요.

大竹 실전의 순서를 쫓아보지요. 8도 백1 처음. 아무튼 눈을 잡지 않으면 필름이 끊겨버립니다.

天元 눈을 뺐는 것만을 생각하고 있으면 되니까 마음이 편하군요.

大竹 백3·5는 당연. 흑6에 백7로 눈을 메웁니다. 점점 중앙 부근으로 가까이 가겠지요. ⓐ의 두 점도 관계되어 갑니다.

天元 같은 편 성벽에 몰아넣는 요령이군요.

大竹 그래도 간단하게는 되지 않읍니다. 백11 젖히기에 흑12로 붙여갑니다. 흑16 쪽부터 대는 것도 맥이지요. 백17 빼기는 빠르게, 슬쩍 백18로 내면 살 수 있읍니다.

天元 흑18로 댄 그 다음 어떻게 되는 것인가요?

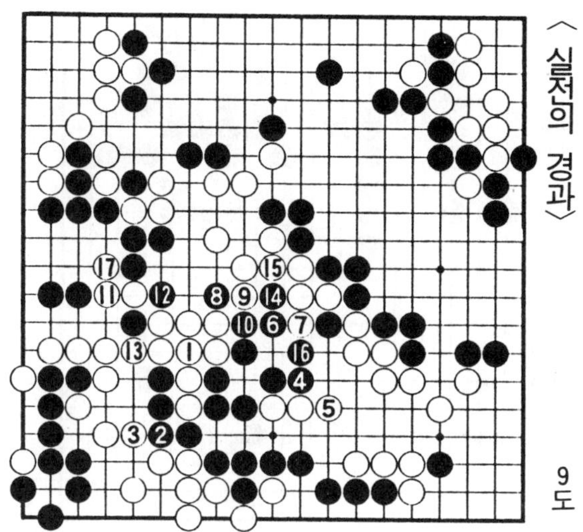

大竹 9도입니다. 백 3 까지 이쪽 형이 정해지고 흑 4 · 6 으로 눈이 만들어졌읍니다. 흑 8 · 10 이 맥입니다. 여기서 백 16 으로 놓아 잡아간 것은 흑 13 에 내어 공격이 되는 것입니다. 그림은 복잡하므로 생략합니다만…… 아무튼 백 11 이 차지고 흑 16 까지 살렸읍니다. 그대신 백 17 로 나가 좌변이 사. 흑은 양쪽을 살릴 수단은 발견할 수는 없었읍니다.

天元 네, 놀랐읍니다. 좌변이 죽는 운명이 되었군요. 그러나 8 도부터 9 도는 재미있는 순서이군요. 이런 식으로 한번이라도 좋으니 놓아 보고 싶읍니다.

星子 백 17 로 취하면 형세는 좋았을까요?

大竹 흑은 이 뒤에 조금 놓다가 돌을 던졌읍니다. 이렇게 되는 경우도 있는 것입니다. 마지막에 와서 조금 어려워졌던 것일까요?

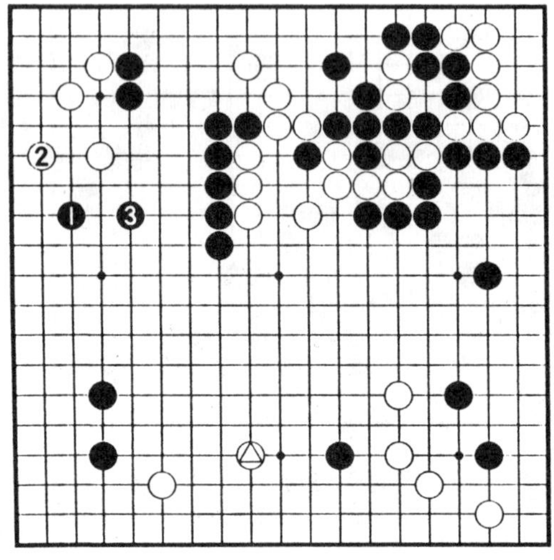

1
도

〈휴게실〉 근본이 중요

星子 大竹 선생님의 실전보여서 어느 것이나 어려운 문제 투성이입니다.

天元 그것은 어쩔 수 없겠지요. 우리들의 바둑은 아직 멀었으니까요. 하지만 전혀 이해가 가지 않는 이야기만 듣다가는 바둑을 재미없는 것으로 생각하여 한쪽으로 밀어 놓을지 모릅니다.

大竹 일일이 세세하게 참고도로 나타낼 수는 없읍니다. 기본적인 것, 근본적인 것을 집어내는 것이 중요하겠지요. 잡지나 신문의 해설을 읽을 때도 마찬가지. 바둑은 잎사귀 한장 한장 보다도 줄기가 중요합니다. 잎사귀 한장 한장은 대국자에게 맡겨 두면 좋은 것입니다. 여러분은 바둑을 골치 아픈 것이라고 생각하지 마시고 즐거운 마음으

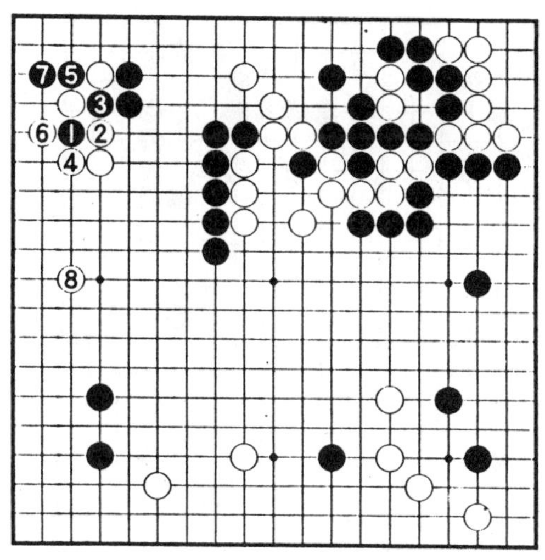

2도

로 즐겨야 할 것입니다.

星子 그런 말씀을 들으니 안심입니다만 무엇이 줄기인지, 무엇이 근본인지를 모르겠습니다.

大竹 예를 들면, 1도는 2점 접바둑으로 지금 △에 자리를 잡은 참입니다만, 여기에서 흑1로 놓고, 3으로 뛰는 것이 바둑의 줄기를 잡아 놓는 방법입니다.

天元 큰 모양으로 가는군요.

大竹 좌변에는 반드시 백이 들어갑니다. 그러나 뛰어들어온 다음, 공격으로 주도권을 잡읍니다. 그것이 판을 넓게 사용한 웅대한 전법. 흑1·3은 지도(支道)가 아닌 본도(本道)를 걷고 있는 것입니다.

天元 그러면 지도를 놓는 방법은?

大竹 부분적으로는 2도의 실리전법이 있읍니다. 부분적으로는 훌륭한 방법입니다. 그러나 백8로 벌려서는 큰

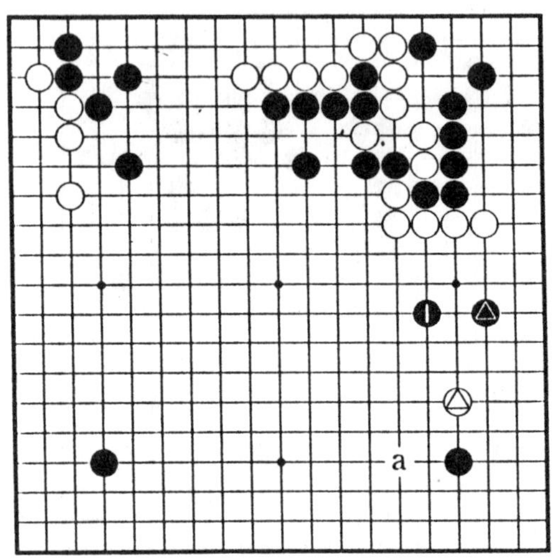

꿈은 사라질 것입니다. 이렇게 가는 방법은 다섯 집 정도 이길지는 모르지만 줄기가 두꺼운 방법이라고는 할 수 없읍니다. 바둑판을 잘게 잘라 쓰고 있으니까요.

星子 '이상은 높고, 꿈은 크게'로군요.

大竹 그렇다고 해서 **2도**가 좋지 않다고 말하기도 곤란합니다. 또 **2도**가 최상책이 되는 바둑도 분명히 있을 것입니다.

星子 케이스에 의해 달라지는군요. 그러고 보니 더욱 어려워지는 것 같읍니다.

大竹 **3도**는 3점 접바둑입니다만 지금 ⊿에 뛰어들어간 참입니다. 星子·씨, 어떻읍니까?

星子 흑a로 뜁니다.

大竹 그 수는 90점 정도로 상당합니다. 잎사귀, 지도라고는 할 수 없읍니다만 100점은 아닙니다. ●의 돌을 살

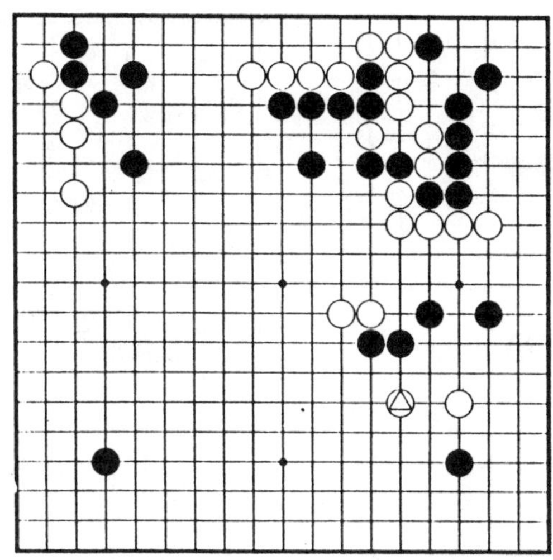

려야 합니다. 흑1로 뛰어 주십시오. 흑1로 뛰어 위·아래의 백을 양쪽으로 겨냥하여 갑니다. 이 흑1이 바둑판의 가장 중요한 급소인 것입니다.

天元 알았읍니다.

大竹 이런 때 ●의 돌을 깨끗하게 버리는 사람이 있읍니다. 특히 놓인 돌 등에서.

星子 네, 싸움이 굳어져 가는 것입니다.

大竹 죽어 있는 돌, 중병인 돌이라면 버려도 상관 없읍니다. 그러나 ● 처럼 멀쩡한 돌을 버리는 것은 매우 어리석은 짓입니다.

天元 바둑은 젊은이를 중요시 하고 병들고 나이든 것은 버려야 하는 것이지요.

大竹 이 세상에서는 그래서는 안되지만, 바둑에서는 어쩔 수가 없읍니다. 또, **3도**에서 조금 진전되어 **4도** △로

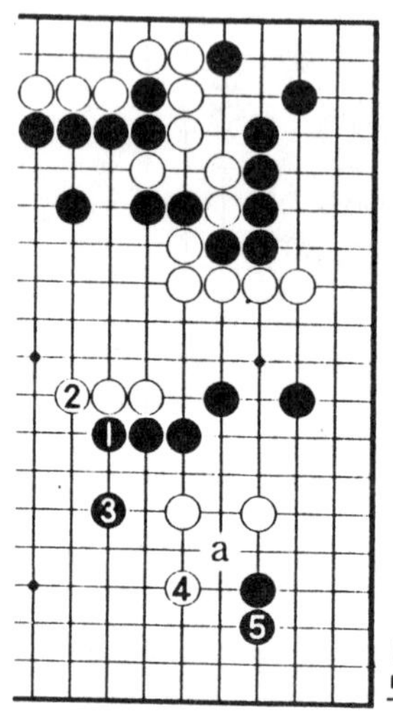

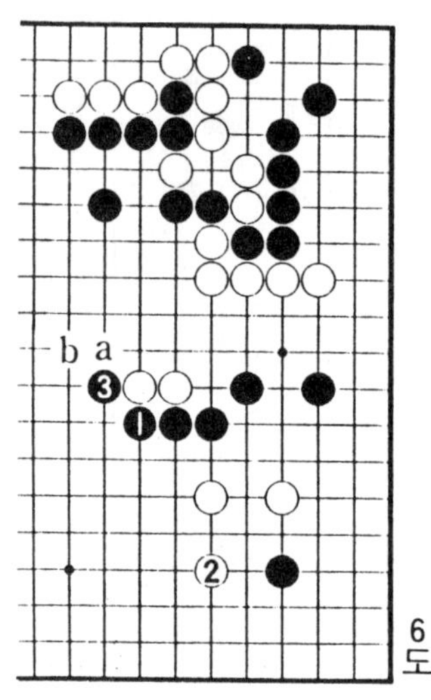

뛴 장면입니다. 이런 때에도 실력이 발휘됩니다.

星子 어떻게 공격합니까?

大竹 5도 흑1로 밉니다. 백2 뻗기입니다. 그리고 흑
3. 백4에는 흑5 놓기로 단단히 귀를 조이고 a의 빼
기를 겨냥하고 있읍니다.

天元 6도 흑1에 백2로 먼저 가면?

大竹 흑3으로 쳐도 충분하지요. 이번에는 위의 일단으
로 육박하여 갑니다.

天元 백a라면 흑b로 좋지 않을까요?

大竹 좋읍니다. 이 경우는 흑1의 누르기가 가장 중요
한 급소. 5도의 흑1에서 3으로 머리를 내는 것이 줄기,
본선, 본도를 놓는 것이 됩니다.

天元 그곳을 놓아가면 득도 크고 열매가 있을 것이라는
뜻이군요.

제 3 장

종반(終盤)의 묘(妙)

주의력(注意力)의 승부?

天元 드디어 종반부입니까? 매우 고민스럽군요. 저는 종반부는 제일 싫어하거든요.

星子 어째서 싫어하지요?

天元 이 수는 몇 집, 저 수는 몇 집 하는 계산, 그것이 약하거든요.

大竹 그러나 종반에도 싸움에 있어서의 문제가 있읍니다.

天元 그렇다면 안심. 초반에서 종국까지 싸움만 있다면 편할텐데.

星子 묘한 자만이군요. 大竹 선생님, 싸움이라고 해도 종반에는 형세 판단이 중요하겠지요?

大竹 초반도 중반도 형세 판단은 중요하지만.

星子 흑이 좋다든가, 백이 좋다든가…… 그것을 자주 알 수가 없읍니다. 끝나고 나야 비로소 형세를 아는 정도……

大竹 하하하, 그것은 재미있군요. 그러나 다섯 집 정도 흑이 좋은 것 같다, 10집 정도 백이 좋을 것 같다 하는 정도의 짐작은 할 수 있어야 합니다. 星子씨 계산해 보면 되는 것이니까 이야기는 간단하지요?

天元 산수를 못하는 사람은 없을 테니까.

大竹 그리고 天元씨, 당신들의 바둑을 보고 있으려니 종반에 들어가 승부가 몇 번이나 뒤집히고 있읍니다.

天元 실은 그렇읍니다.

大竹 그 대부분은 부주의에서 오고 있읍니다. 종반에서 자주 주의의 눈을 반짝이면 좀더 효율을 거둘 수 있을 것입니다.

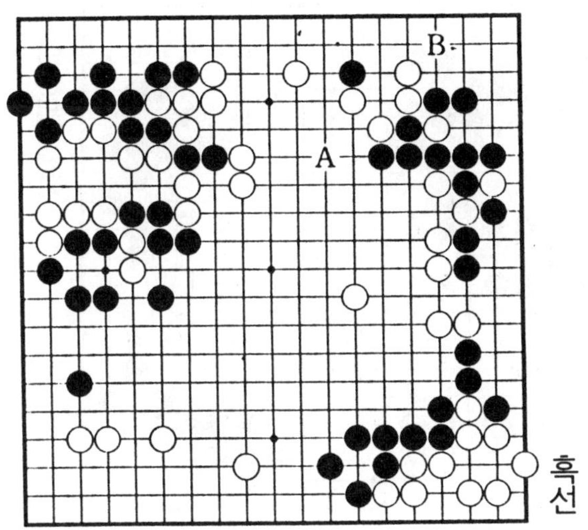

제1문 종반으로의 전망

大竹 이 장면은 아직 중반입니다만 슬슬 종반으로의 전망을 해 보았으면 합니다.

天元 네? 벌써 종반의 일을 생각합니까? 좀 이르지않읍니까?

大竹 그렇지는 않읍니다. 이미 싸울 장소는 그다지 남아 있지 않지요?

星子 우변의 백이 약하군요.

大竹 갑자기 공격하여도 잘 되지는 않읍니다.

天元 그러면 어디에 눈을 두어야 하는 것일까? 분명 중요한 장소는 없는 것 같은데. A로 뛰는 것은 어떻읍니까?

星子 상변의 백의 땅을 줄이려고요. B도 크지요?

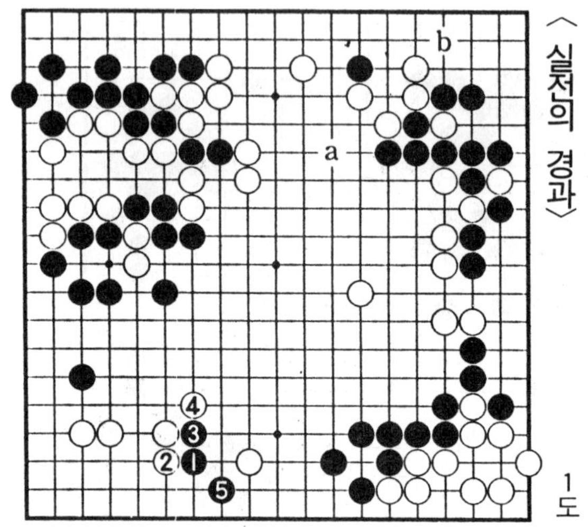

눈치 채지 못한 마늘모

大竹　그래도 1도의 a도, b도, 말하자면 큰 종반의 수입니다. 실은 아직 싸울 장소가 남아 있읍니다. 하변 흑1의 뛰어들기입니다.

天元　아, 그렇읍니까? 그 수가 있었읍니까? 하변만 주의해 보았더라면 흑1은 알아차렸을 텐데.

星子　그러니까 아까 大竹 선생님께서 말씀하셨잖아요. 당신이 a라고 말하는 바람에 나도 따라서 눈이 b로 가버렸어요.

大竹　싸움이 아직 남아 있을 때는 큰 종반으로 돌지 않는 것이 보통. 그런데 뛰어들기 후의 싸움이 문제입니다. 백은 2로 누르는 정도이지만 저는 흑3으로 밀어 흑5에 대각선이 되게 하였읍니다.

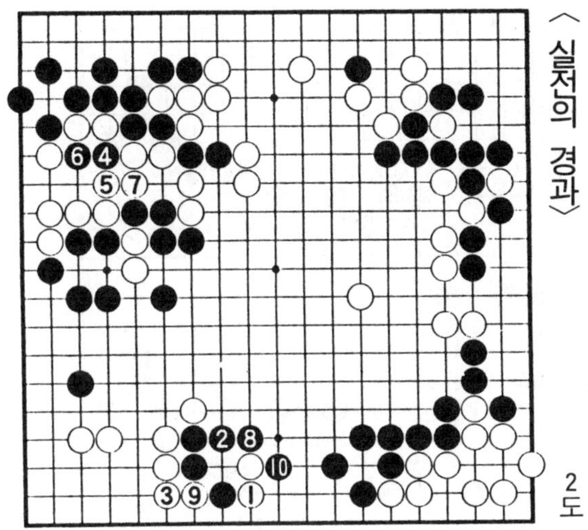

天元　네? 이런 것은 처음 보았읍니다. 흑1에 뛰어들어 백2로 누르는 형은 자주 보았읍니다만……

大竹　이 경우는 좀더 재미있는 맥이고 형입니다. 이것은 묘수라고 할 정도의 것은 아니고 조금 강한 사람이라면 누구나 알아차리는 것입니다.

天元　그런데도 저는 알아차리지 못했군요.

星子　아직 멀었어요.

大竹　그 후의 경과는 2도입니다. 흑이 마늘모라면 백1로 누르고 싶어집니다. 그때 흑2의 삼각으로 구부리고, 백3의 내리기는 당연합니다. 흑4·6의 빼기를 정한 다음 흑8로 건너기를 강요했읍니다. 흑10으로 젖히면 흑이 두꺼운 갈림이 됩니다.

星子　백9로 건너게 해도 좋읍니까?

大竹　흑8에서 9로 놓는 것은 강하지만 흑8·10쪽이

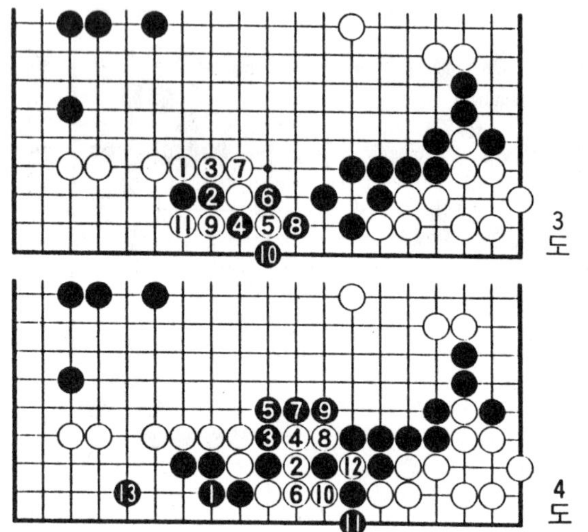

3
도

4
도

현명합니다.

天元 하지만 이 절충은 서로 변화가 많을 것 같군요. 우선 처음으로 **3도** 백1로 누르는 것은 어떻읍니까? 이렇게 놓는 경우도 많은 것 같읍니다만……

大竹 그렇읍니다. 그 다음은 어떻게 됩니까?

天元 흑2·4 때 백5로 2단 젖히기를 하겠지요?

星子 2단 젖히기가 좋은가요? 하지만 흑6·8로 잡힐 텐데요.

天元 괜찮아, 백9·11로 두 점을 잡으면 되는 거야.

大竹 星子씨 이런 형에서의 2단 젖히기는 상식입니다. 하지만 흑8로 잡는 것은 이 경우의 의문입니다. 흑8부터 10으로 빼면 좋은 경우가 많습니다만 이 경우는 우변의 흑 벽과 너무 붙어있는 것이 아닐까요?

天元 알았읍니다. 세력의 중복, 굳힘형이군요.

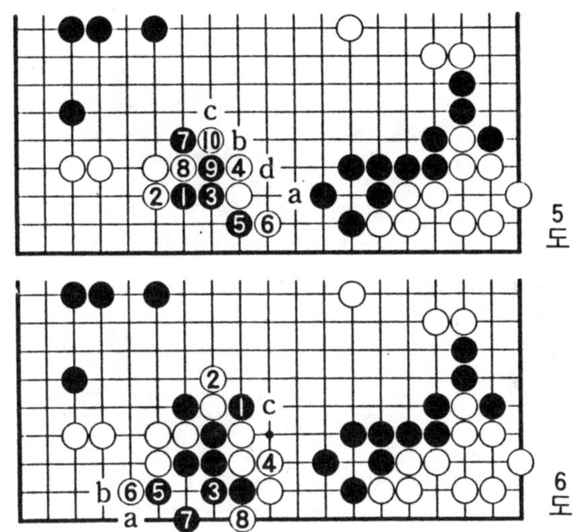

大竹 그렇읍니다. 그러므로 이때는 흑8의 수로 **4도**, 흑1에 붙여 버틸 참입니다.

天元 그러면 **5도** 백2 때 흑3에 붙여 대는 수는 없읍니까?

大竹 백4에 흑5부터 7로 뛰어 내는 맥이지요. 그것은 흑a에 돌이 없으면 흑b, 백c, 흑d로 취할 수 없읍니다. 그렇다고 해서 **6도** 흑1부터 3의 붙이기도 백4에 붙여져 서로 공격이 되지 않읍니다. 백8 다음 흑a, 백b, 흑c로 놓아도 한 수 종반의 패밖에 되지 않읍니다.

天元 아니, 이 그림은 이상하군요.

大竹 무엇인가 이상한 점이라도 있읍니까?

天元 **7도** 백1로 젖히면 무조건 취할 수 있는 것 아닙니까? 이런 젖히기는 자주 있는 수입니다.

大竹 모르시겠읍니까? 흑2에서 **4**로 젖혀 **6**에서 패

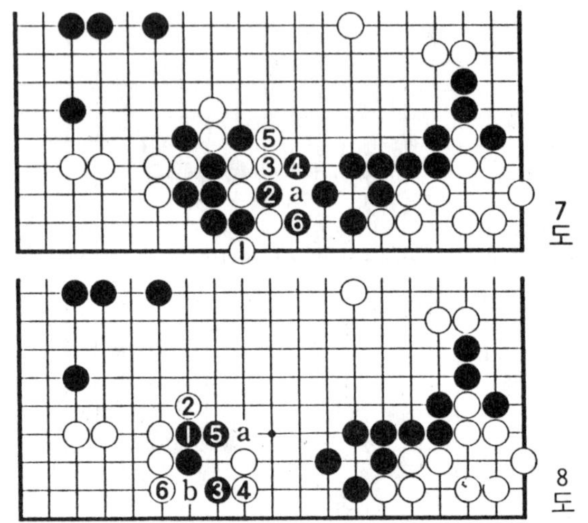

가 되는 것입니다.

　天元　아, 그렇읍니까?　졌다.

　星子　백5에서 a로 취하면 흑5이군요.

　天元　그러면 드디어 본론.　8도 흑3이 좋은 수라고 할 수 있겠지요.　실전은 백6까지 진전했다.　그리고 흑a, 백 b가 되었다……　으음.

　大竹　무슨 생각을 하고 계십니까?

　天元　또 모르겠는데요.　9도 흑1부터 곧 흑3으로 구부리는 것이 있지요?　벌린 삼각에.

　大竹　그래요?　그것 이상한 방법이군요.

　星子　벌린 삼각의 우형입니다.　그것이 이상한 것인가요?

　大竹　형이 나쁘다고 해서 반드시 결과가 나쁘다고 말할 수는 없읍니다.

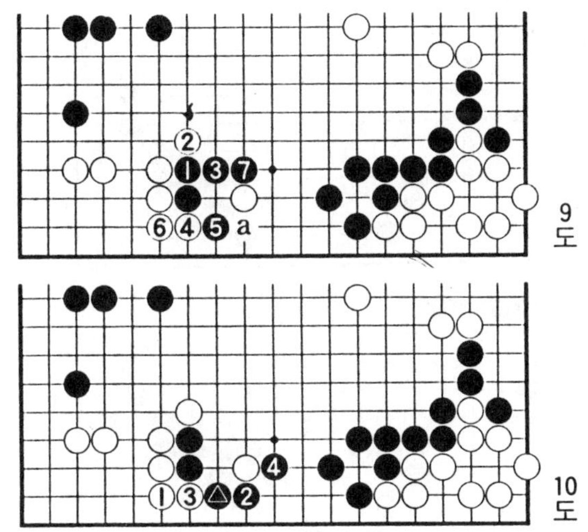

　天元　백 4 · 6 의 젖혀 붙이기에 흑7 누르기는 어지간 하지요? 도대체 **8도**의 실전과 **9도**와 어떻게 다른 것입 니까?

　大竹　차이가 없다면 의미가 없지 않읍니까? 차이는 있 읍니다. 실전의 **8도**는 흑a, 백b가 되었고, 그 형은 **9도** 에서 백a로 놓여진 것과 같읍니다. 즉 **9도**처럼 되어 곧 백a로 놓인 것은 흑의 득인 것입니다.

　天元, 星子 ……

　大竹　**9도**가 되어 곧 백a로 건너는 것은 손해이고, 작전 을 좁히고 있읍니다.

　天元　알았다고 치고, 그러면 **10도** ●의 마늘모에 대해 백1로 내리는 것은?

　大竹　알았다고 친다는 것은 곤란합니다. 백1의 내리기 라면 흑2로 뻗은 형이군요. 백3의 대어넣기에는 흑4로

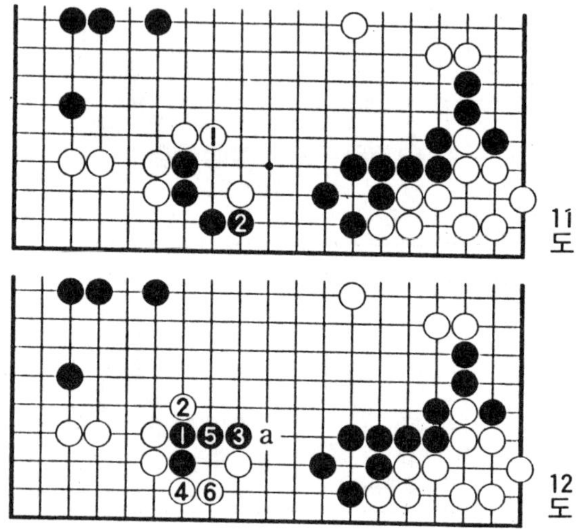

젖힌다.

天元 그러면 또 한가지, 11도 백 1 로 뻗은 것은 흑 2 로 건너겠지요?

大竹 알고 계시지 않읍니까? 흑 2 로 건너게 하면 백 끊어집니다. 이것은 꼭 백 2 로 누르기를 해야 하는 것입니다.

星子 저라면 어떻게 놓을까 하고 생각해 보았읍니다만 12도 흑 1 로 누르고 3 으로 뛰어붙일 것 같읍니다.

大竹 그 흑 3 에 뛰어붙이는 것이 좋은 경우도 있읍니다만 여기에서는 그다지 좋지 않읍니다. 백 4·6 으로 건너져 있어도 실전과는 큰 차. 흑 3 은 백 4 의 젖히기, 백 5 의 갈라넣기, 백 a 의 젖히기 등, 결함이 많은 형입니다.

天元 저도 3 에 붙일 것 같읍니다. 연결형으로 보이거든요.

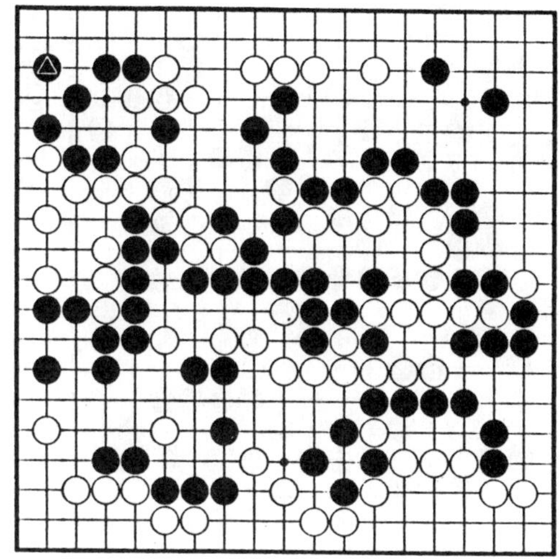

제 2 문 승리의 맥은 어디에

大竹 이번에는 재미있는 장면을 보여드리지요. 지금 제가 ●로 자리를 잡은 참입니다. 실은 이 장면에서 바둑은 백 승리. 흑의 승리는 거의 희박합니다. 그러나 백이 승리하기 위해서는 어느 수, 어느 종반의 맥을 알아차려야만 합니다.

天元 그런 수가 과연 어디에 있을까요?

大竹 우상 구석에 있읍니다. 상대는 그 수를 정확하게 노리고 있읍니다. 그러나 99%의 승리를 손에 쥐고서 상대는 최후의 한발을 잘못 디뎠읍니다.

星子 드라마틱하군요. 그러나 구체적으로는 무엇이 무엇인지 모르겠읍니다.

天元 저도요.

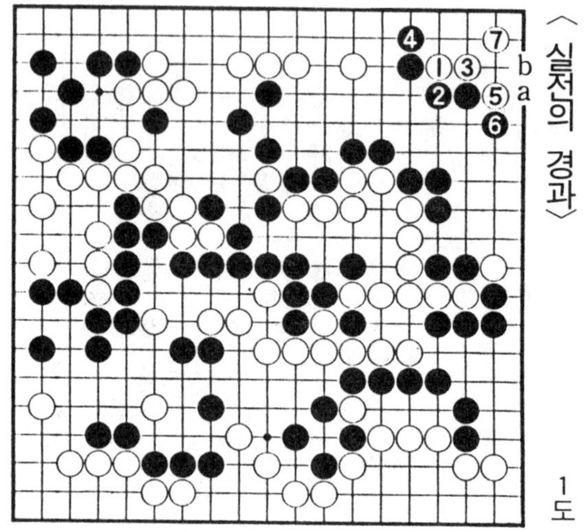

뿌리째 뽑은 각란(攪乱)

大竹 1도 백1로 놓읍니다. 이것이 정해입니다. 즉 이 것이 수가 되면 백의 승리. 수가 되지 않으면 흑의 승리 가 되는 것입니다만, 실제로는 수가 됩니다. 그리고 수로 삼기 위해서는 백1로 가운데에서 뿌리째 뽑아 가야 하는 것입니다.

天元 그래야 수가 되는 것입니까? 백5·7로 붙여야 하는군요. 그 다음 흑 a로 대고, 백b라면 패이군요.

大竹 물론 패가 되면 흑이 안됩니다. 아무튼 이 백돌을 살리거나 패가 되면 흑의 패배. 필사적으로 덤벼들지 않 으면 안됩니다만, 그러나 자주 볼 수 있듯이 덤벼들기도 쉽지가 않읍니다. 주위의 흑에 결함이 있기 때문입니다.

天元 백7 다음 어떻게 되었는가는 기대하기로 하고,우

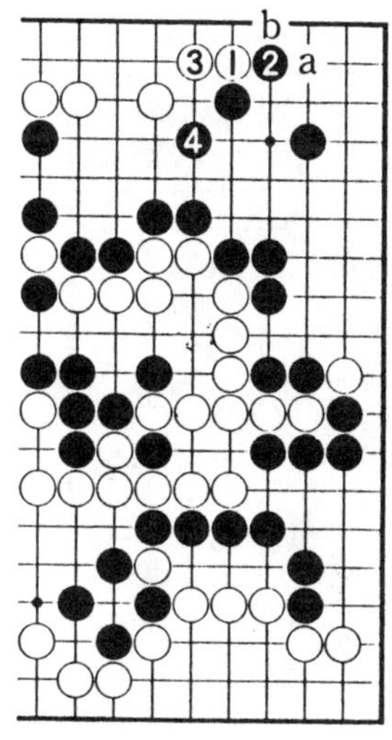

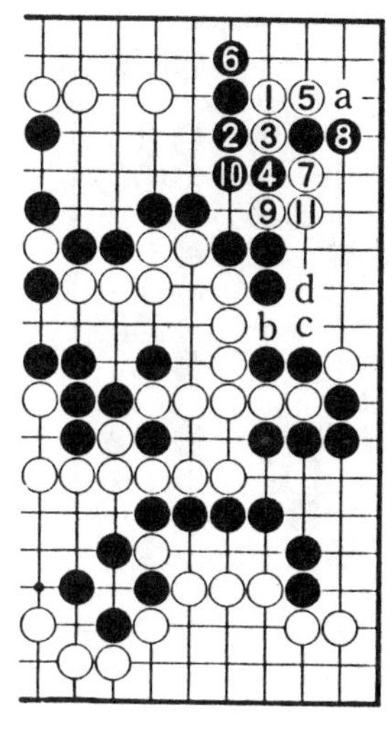

선 백 1 의 붙이기는 어떻읍니까? 저라면 백 1 · 3 으로 붙여두고 만족할지도 모릅니다.

大竹 흑 4 에 대각선으로 두었읍니다. 이 다음 a에 끼워붙이는 수는 없고, b 젖혀 붙인 정도로는 미치지 않읍니다. 백 1 · 3 으로는 부족하다 라는 형세 판단입니다.

星子 그러면 백 1 에서 3 의 마늘모 등은 소용 없군요.

天元 붙이기가 되어 있지 않아요. 백 1 · 3 쪽이 낫지. 그런데 3 도 백 1 에 대해 흑 2 로 세우는 것은 어떻읍니까.

大竹 그것은 풍치가 있는 것이지요. 흑 6 은 이곳을 백에 젖혀 붙이기를 살렸읍니다. 그리고 내리기 한 수입니다만 백 7 에서 11 까지. 다음에 a의 두 점 잡기와 백b, 흑c, 백d가 균형입니다.

天元 과연 수이군요.

星子 4 도 백 1 에 흑 2 의 젖히기는?

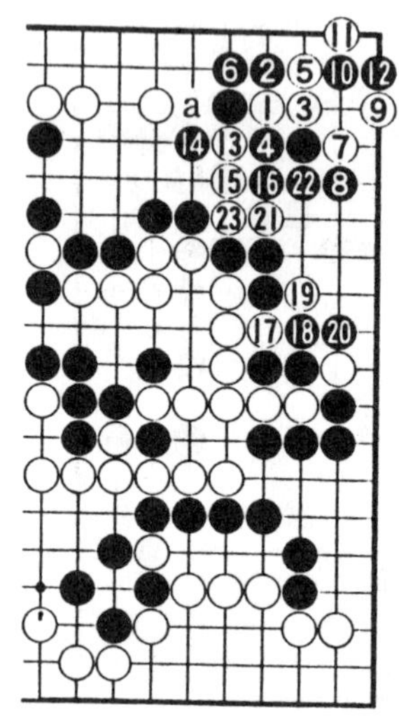

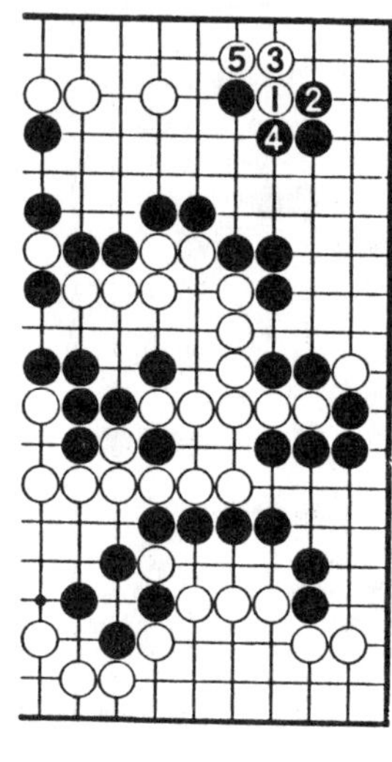

4도

5도

大竹　그렇게 말은 해도 살아 있읍니다. 백7·9에 흑
10·12로 눈을 겨냥합니다만 백13의 끊기. 흑16에서 22
붙이기는 백a에 붙여 건너가 버립니다. 그러므로 흑16이
버팁니다만 백17·19로 끊기어 들어가고 백21·23에서
파탄이 나 버립니다.

星子　굉장한 절차로군요. 大竹 선생님 같은 분은 한눈
에 알 수 있으시겠지만.

大竹　이것은 도중에 어려운 수가 한 수도 없읍니다. 프
로라면 척 한눈에 술술 읽을 수 있겠지요. 이런 것을 곧
알지 못한다면 프로라고 할 수가 없읍니다.

星子　그러면 5도 흑2로 물릴 수도 있겠군요. 백5 까
지 건너게 하는 것입니다.

大竹　이 그림은 2도에 비하면 크게 찌르는 그림입니
다. 이런 바둑이라면 백의 승리가 될 것입니다.

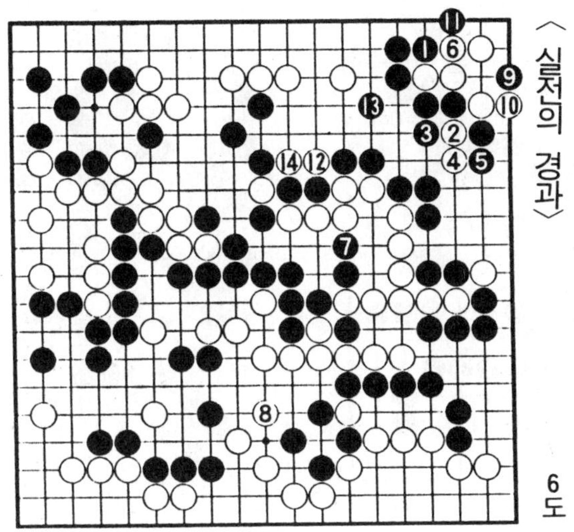

天元 미묘하군요. 그럼 실전은 이 다음 어떻게 진행되나요?

大竹 6도입니다. 흑1로 눈을 겨냥하는 수밖에 없읍니다. 패는 되지 않으니까요. 백은 2로 붙여갑니다.

天元 백6 때 흑7, 백8은 무슨 의미입니까?

大竹 백에 14로 빼는 것을 예상하여 흑7, 백8을 놓아두는 쪽이 득이라고 생각했읍니다만 쓸데없는 것이었읍니다. 그러나 본문에 관계는 없읍니다. 당연 흑9·11로 눈을 겨냥하고 백12의 끊기에 흑은 저항할 수 없읍니다. 흑13으로 준비, 백14빼기 라는 갈라 바꾸기가 됩니다. 그러나 이제부터 구석을 들어가고 있으므로 흑의 불만은 없읍니다. 백12의 끊기가 큰 것이었읍니다.

天元 6도는 흑13으로 흑의 땅이 조금 커져 있군요.

大竹 백12·14로 두 점 뺀 득의 비교는 손해, 득실이

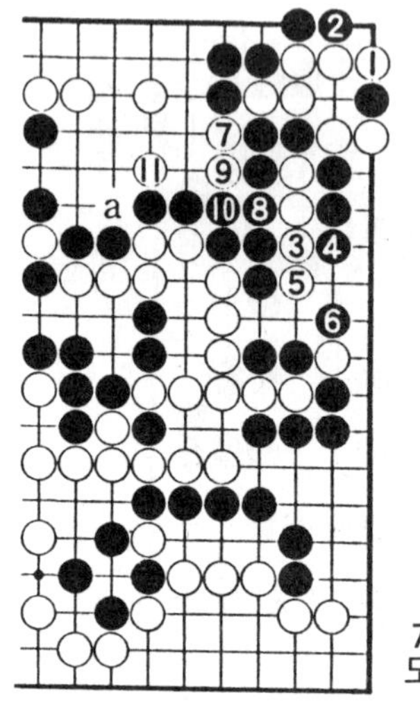 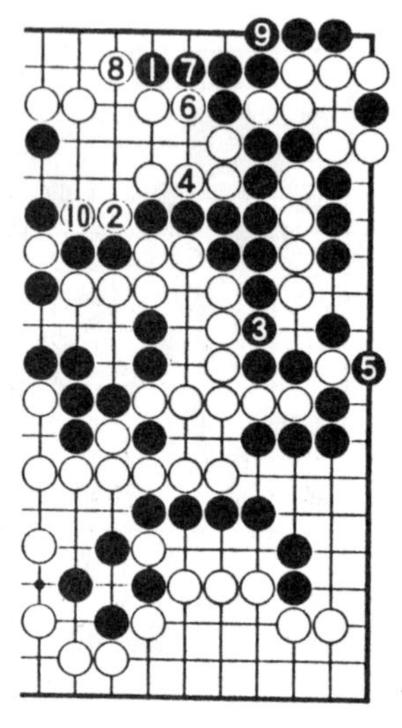

없읍니다. 그러나 그렇게 되면 구석에 수를 붙여간 의미
가 없어지고 백의 실패로 끝납니다.

　天元　그러면 백은 어떻게 놓아야 했던 것이지요.

　大竹　7도 a의 장소를 끊는 것이 너무 빨랐던 것입니다.
우선 백1, 흑2로 바꾸고, 백3 · 5로 패를 크게 합니다.
그리고 백7의 끊기. 이것이 포인트였읍니다. 흑8 붙이기
에는 백9에서 11로 뛰어 붙입니다.

　天元　아직 종점을 모르겠읍니다.

　大竹　8도 흑1이나 흑9에 붙여 구석 싸움에서 이겨야
만 합니다. 흑1이라면 백2에서 4를 살리고, 이어서 백
6 · 8도 살립니다. 그리고 백10의 빼기.

　星子　실전과 어떻게 다를까요?

　大竹　실전은 붙이기가 듣지 않고 백의 땅, 흑의 땅 모두
큰 차입니다. 6도는 단지 두 점을 빼았을 뿐이니까요.

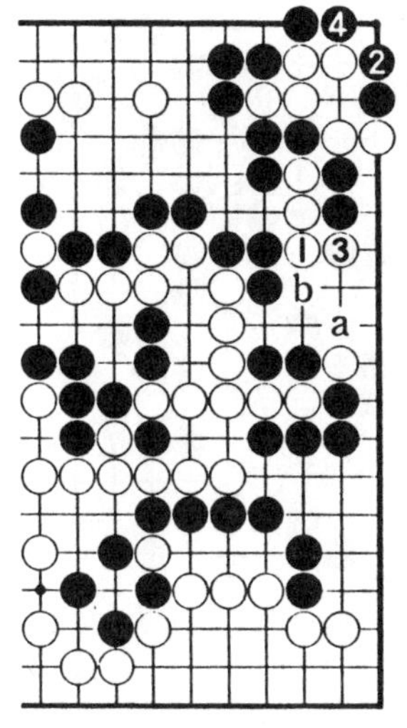 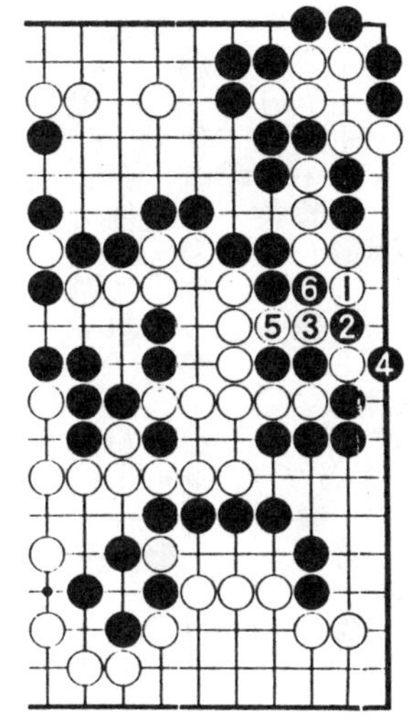

9도 · 10도

　　天元　7도나 8도가 정해입니까?　매우 어렵군요. 여러 가지 변화가 있을 것 같습니다.

　　大竹　그럼 처음부터 봅시다.　**9도** 갑자기 백1로 뻗는 것은 성급합니다.　흑2라는 기수가 있어서 실패합니다. 백3, 흑4로써도 이 다음 수가 없읍니다.　백a는 흑b로 좋읍니다.

　　天元　**10도** 백1이 있읍니다.

　　大竹　흑2에 백3이라는 것이지요?　그러나 흑6까지. 이 다음 두 점 취하기도, 되돌리기도 이것은 최소한의 피해로 끝납니다.　피해라고 할 수 없을 정도……

　　天元　그러면 **7도**의 변화에서 **11도** 벅1로 붙였을 때 흑2에 대는 것은?

　　大竹　그것은 백3으로 낸 다음 5의 뻗음. 이 다음 흑 a는 백b, 흑c, 백d로 서로 공격하여 백의 승리가 되는 것

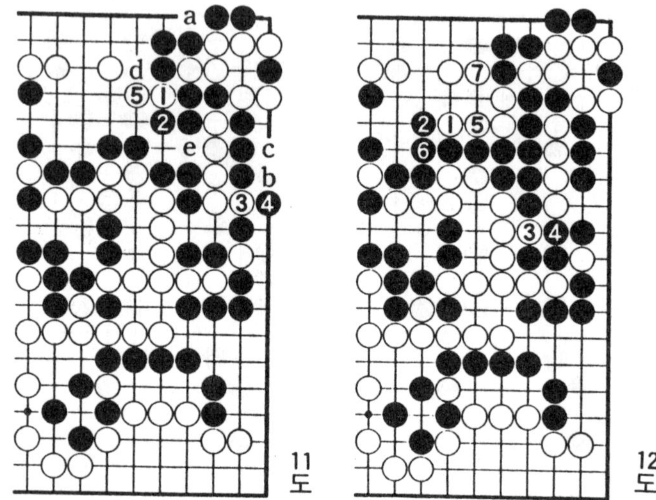

입니다. 혹은 c의 방면부터 막히게 되니까요. 혹2 는 역시 e로 막아야 합니다.

天元 그럼 또 한가지, 12도 백1 로 뛰어 붙였을 때 혹 2로 버티는 것은?

大竹 간단합니다. 백3에서 5를 살리고 백7로 겨루어 백의 승리가 됩니다. 7도—8도는 필연적이었던 것입니다. 그리고 그 그림을 참고로 하였더라면 백의 승리. 실전은 혹의 승리로 끝났읍니다.

星子 끝까지 쫓다가 백은 당하고 말았군요.

大竹 마지막 한 발을 잘못 내디뎠던 것입니다.

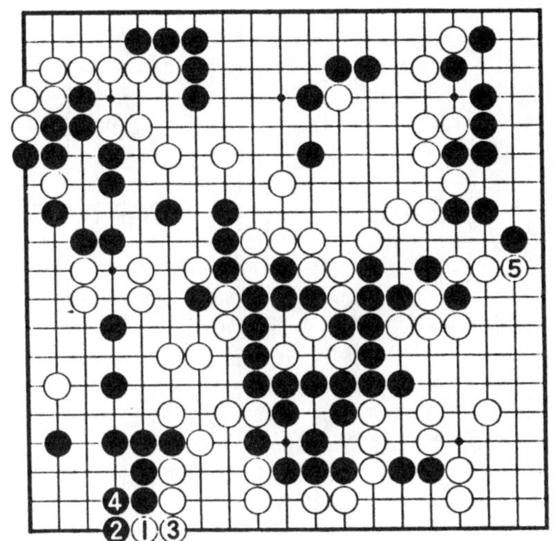

제 3 문 무엇인가 있다

大竹 전제는 수 읽기가 조금 까다로웠으므로 이번에는 좀 간단한 것을 보기로 합시다.

星子 大竹 선생님이 간단하다고 하시는 것은 언제나 결코 간단하지 않지요.

大竹 백1·3으로 젖혀 붙이기, 우변 백5로 눌렀읍니다. 흑, 다음의 수는?

天元 보통 때는 △과 ● 으로 표시가 되어 있었는데 왜 이 문제만은 숫자를 넣었읍니까?

大竹 그것이 힌트가 되는 것입니다. 즉, 백1·3으로 젖혀 붙인다……

星子 문제는 하변에 있겠군요.

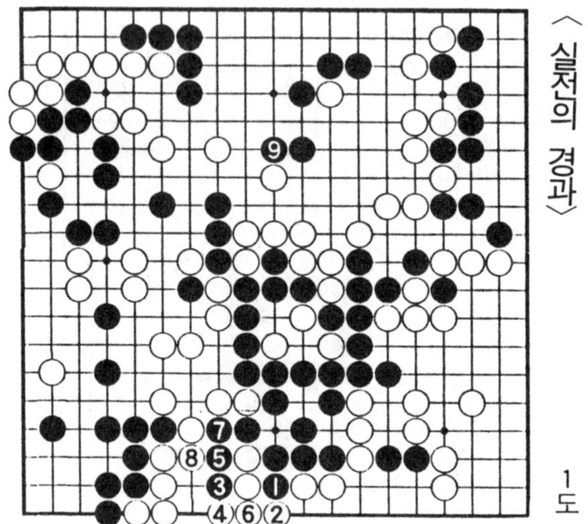

배 붙이기 일발(一発)

大竹 어떻읍니까? 아셨읍니까?

天元, 星子 별로, 이것이다 할 만한 것은 짐작할 수가 없읍니다.

大竹 아, 안됐군요. 이 정도의 문제는 시간을 드린 다음에 모른다고 해서는 곤란합니다. 1도가 실전의 경과입니다. 저는 흑1로 내어 흑3에 붙였읍니다.

天元 배 붙이기!

星子 생각지도 못했읍니다.

大竹 이것으로 백은 난처해 하고 있읍니다. 저항할 수가 없읍니다. 결국 백4로 건널 수밖에 없었고 흑5・7로 납작하게 되었읍니다. 게다가 흑의 선수.

天元 놀랐읍니다. 백의 땅이 제로가 되었군요.

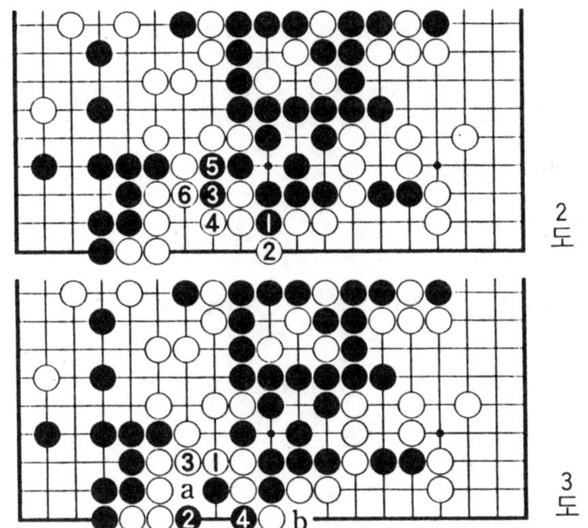

大竹 제로는 아니지만 거의 없는 것과 마찬가지입니다. 맥의 작용입니다.

星子 저 실은, 2도 흑1로 낸 다음 3에 젖히는 것이 아닌가 하고 생각했었읍니다.

天元 백4·6이 되는가. 과연 이것은 추급 부족이야.

大竹 흑의 배 붙이기에 대해 3도 백1로 버티면 어떨지 이제 아시겠지요?

星子 네, 흑2에 대각선으로 붙이면 좋겠지요? 놓아 되돌린 다음 백3. 그리고 흑4로 패가 되게 합니다.

天元 패가 아니고 백a라면.

大竹 흑b로 빼면 충분. 그 그림은 흑이 모으고 있읍니다.

星子 배 붙이기에 저항할 수 없군요.

天元 그러나 실전의 1선 건너기는 멋진 본보기군.

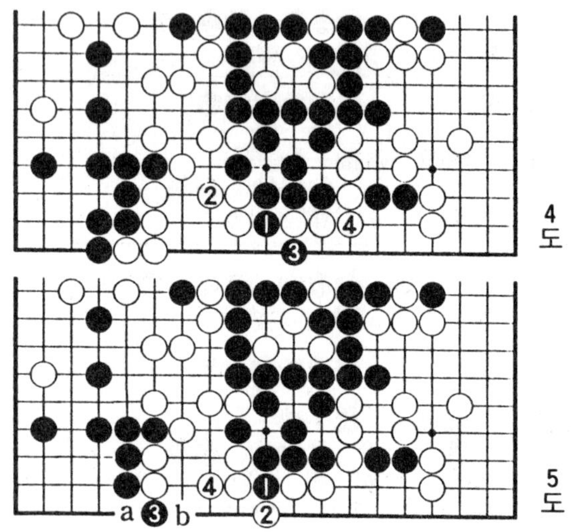

　星子　저 좋은 수를 생각해 냈어요.　**4도** 흑1 때 건널 수 없어요. 건너면 배 붙이기가 있겠지요. 그러므로 백2에 놓는 것입니다. 이것 괜찮지요?

　大竹　좋은 것을 생각해 내셨읍니다. 이 그림은 사실 1도와 거의 비슷합니다.

　星子　그럼 이 방법이 좋지 않나요?

　大竹　한가지 중요한 것을 말해 두지요. 그것은 문제에 있듯이 **5도** 백a의 젖혀 붙이기를 놓는 것입니다. 이것이 배 붙이기의 맥을 맞고 있는 것입니다. 그러므로 a의 젖혀 붙이기는 놓지 않읍니다. 그러면 흑1이 나와 **3**으로 젖혀 종반이 됩니다. 백**4**로 구부린 형으로 이 그림은 1도의 실전의 그림 보다 백이 2집 정도 득입니다. 백**4** 다음 백b, 흑a는 백의 권리이므로 백은 이 그림쪽이 득입니다.

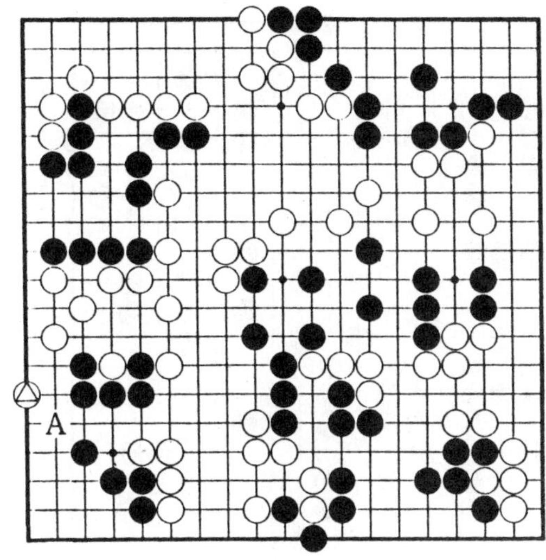

제 4 문 원숭이 미끄러지기

大竹 여러분 원숭이 미끄러지기를 멈출 수가 있읍니까
?

天元 보통은 멈출 수 있읍니다.

星子 자신은 없읍니다만 최근에는 대강 멈출 수 있게되
었읍니다.

大竹 여러분 훌륭합니다. 저는 원숭이 미끄러지기의 멈
추기를 실수한 일국이 있읍니다.

天元 네? 大竹 선생님이 !

星子 어떻게 하시다가요?

大竹 윗그림 △으로 미끄러져 들어온 참입니다. 이것은
작은 원숭이 입니다. 흑은 어떻게 받을 것인가 하는 장면
......

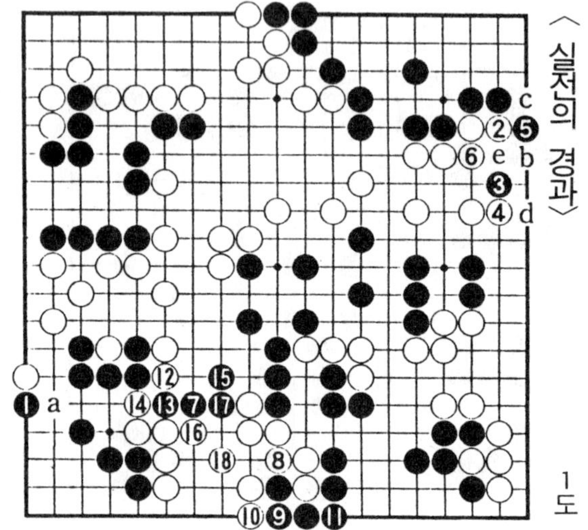

상당한 꺼짐

大竹 여러분과는 다르게 나는 1도 흑1에 붙였읍니다.

天元 아아, 그래도 좋읍니까?

大竹 백a에 젖혀내는 수는 없으므로 결국 흑a에 대각선으로 놓는 것과 거의 비슷합니다. a로 흑1에서 손득은 거의 없읍니다. 다만 주의해야 할 것은 흑1쪽은 백a의 젖혀내기를 노리고 있다는 것입니다.

天元 이 경우 괜찮읍니까?

大竹 괜찮읍니다. 그러나 바둑이란 것은 묘한 것입니다. 괜찮은 것이 그렇지 않은 것이 되기도 하니까요. 나중에 흑1을 a로 받을 걸 하고 생각해도 그때는 이미 때가 늦으니까요.

天元 그렇읍니까?

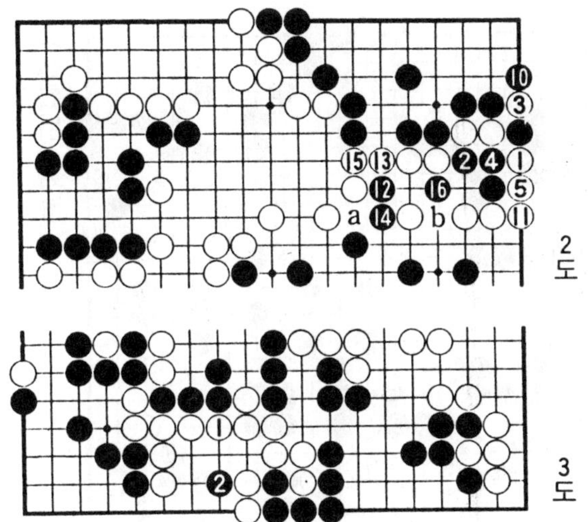

大竹 소 잃고 외양간 고치는 것이지요. 우선 실전의 경과를 보여 드리지요. 1도입니다. 우상 백2부터 6이 재미있지요? 이 다음 b가 쌍방 크게, 백부터는 b, 흑c, 백d입니다.

星子 아, 백d. e에 붙이는 것이 아니군요.

大竹 백6을 2도 1에 누르는 것은 흑2의 반격이 있읍니다. 흑12부터 16으로 절단. 백13을 14로 놓아도 흑13, 백a, 흑b로 절단입니다.

天元 우상은 1도 백6 그대로, 이번에는 하변으로 옮겨집니다. 흑7부터 가져가는 것이군요.

大竹 네 백18까지 형을 정합니다. 이 백18은 중요하여 3도 백1에 붙이거나 하면 죽읍니다.

星子 ……

天元 알았다. 흑2에 배 붙이기!

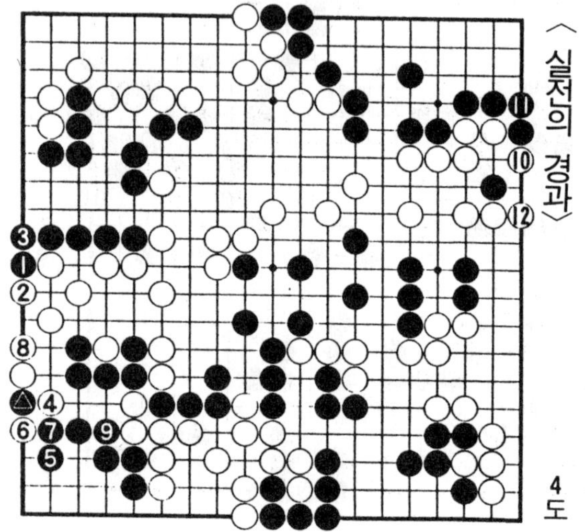

大竹 그렇읍니다. 흑 2 가 급소입니다.

天元 좀처럼 원숭이 미끄러지기 쪽으로 갈 수가 없군요.

大竹 이어서 4 도가 실전의 경과입니다. 하변 일단락된 곳에서 저는 좌변 흑 1 · 3 으로 젖혀 붙였읍니다. 이것은 풍취있는 큰 수입니다만 백 4 로 젖혀져 깜짝 놀랐읍니다.

天元 드디어 놓았군요. 아니 흑 5 로 꺼져가는 것입니까 ?

大竹 흑 8 로 놓아 잡아 가는 수가 없읍니다. 그래서 어쩔 수 없이 흑 5 이하 양보한 것입니다만 흑 9 까지 큰 손해를 보고 말았읍니다.

星子 안심할 수 없군요.

大竹 당치도 않읍니다. 백 4 에 대해 흑 5 로 꺼지려 한다면…… 처음 ● 를 4 에 놓았으면 이런 일은 없었을 텐

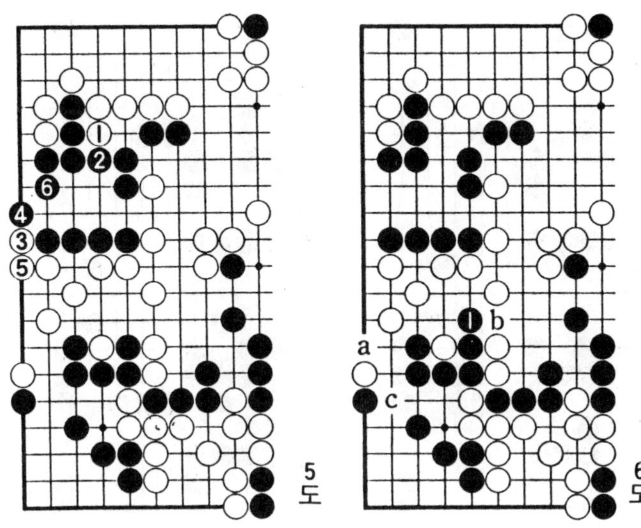

5
도

6
도

데, 그것은 결과론에 지나지 않습니다.

天元 결과론을 놓고 말하기는 쉽지요.

大竹 4도 흑1·3의 젖혀붙이기는 큰 수입니다. 이것을 놓지 않으면 백부터 5도의 종반이 있습니다. 흑6까지 선수 종반. 이것은 견딜 수 없는 일이지만 이 종반은 감수해야 하는 것입니다.

天元 하하, 그러면 흑은 6도 흑a로 취해 두었으면 좋았던 것이군요.

星子 그러면 문제는 없었겠지요?

大竹 아니요, 흑1로 뻗으면 좋은 것입니다. b로 내면 두 점을 취할 수 있지요. 백a로 연결해 주면 그대로 백c의 수를 막을 수 있는 것입니다.

天元 흑1이 백c와 관계되어 있는 것입니까?

大竹 직접 흑a로 자리 잡는 것보다 간접 흑1에 의해

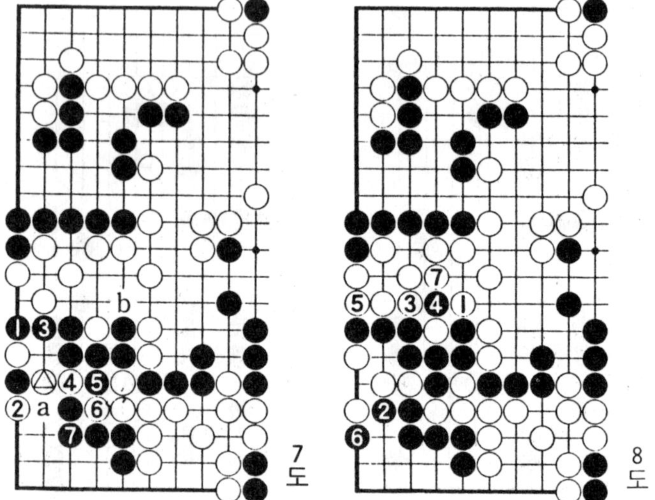

막는 쪽이 좋읍니다.

天元 7도 ◎로 젖혀 내었을 때, 흑 1·3 은 아무 소용이 없는 것인가요?

大竹 그것은 비교적 간단합니다. 백 4·6 으로 내어 끊겨 곤란한 것입니다. 흑 7 에서 a로 놓거나 하는 것은 백 7 로 끊깁니다. 그러므로 흑 7 에 붙이는 한 수. 여기서 흑 b에 돌이 있으면 아무것도 아니라는 것을 알 수 있읍니다. b에 돌이 없으면 **8도** 백 1 로 놓아 굳혀져, 결국 패가 되어 버리는 것입니다.

天元 백 7 까지입니까? 그러나 그런 것까지 읽어야 한다니 이것은 역시 간단한 것이 아니었군요.

星子 적어도 우리들이 받는 손해와는 다르군요.

大竹 비슷한 것입니다. 그래서 이런 테마를 내본 것입니다. 여러분도 깊이 주의하십시오.

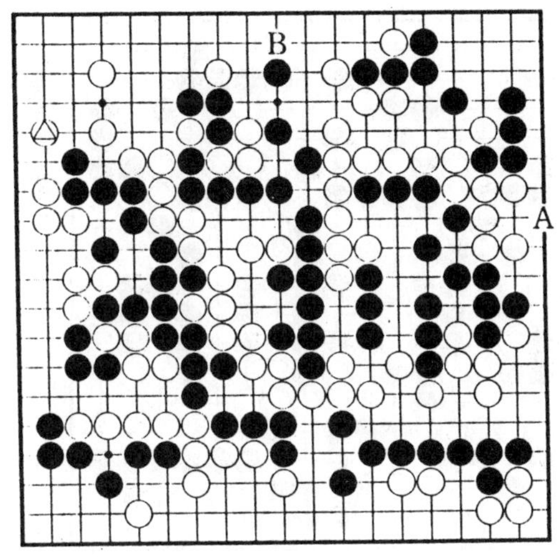

제 5 문 종반의 결정 장소

大竹 매우 돌이 많이 놓여져 있지만 잠시 가만히 보아 주십시오. △으로 건너간 참입니다.

天元, 星子 …… 보았읍니다.

大竹 이 바둑은 흑이 확실히 우세한 바둑으로 승리가 눈 앞에 있읍니다. 다만 바둑을 결정하는 것이 남았읍니다.

天元 그런 장소가 있읍니까?

大竹 그러므로 잘 보아 주십시오 백은 어딘가 결함이 있을 것입니다.

天元 우상 큰돌이 약합니다.

星子 흑A에 놓나요?

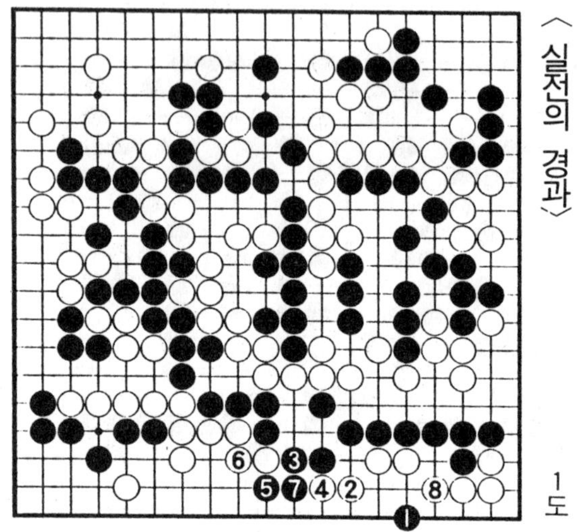

좌·우를 노린다

大竹 우상의 큰돌은 재미있는 테마입니다만 확실치가 않습니다. 그것보다도 하변에 결정수가 있습니다.

天元 하변은 좌·우로 약한 백이 두 개 있군요.

大竹 그것을 노려야 합니다. 나는 1도 흑1에 두었읍니다.

星子 그런 수를 알 리가 없읍니다.

大竹 아, 그렇게 처음부터 포기하지 마십시오. 두기 시작하는 것이 문제를 푸는 방법입니다. 실전은 백2에 흑3, 흑5·7이 선수가 되고, 왼쪽의 큰돌이 갑자기 약해집니다. 물론 이 부근은 종반의 맥으로 백에는 훌륭한 저항이 없읍니다.

天元 무슨 말인지 잘 모르겠읍니다. 예를 보면서 하나

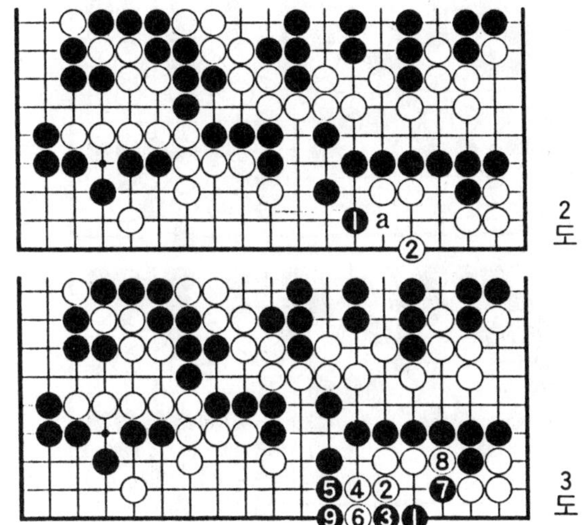

하나 검토해 보았으면 합니다만.

　大竹　좋읍니다.　우선 처음 두는 것입니다만.

　星子　두기 이외는 안됩니까? 예를 들면 2도 흑1의 마늘모 두기.　저라면 이런 식으로 놓을 것 같은데요.

　大竹　백은 2로 뛰어 받는 것이 급소.그리고 흑1은 그다지 효과가 없읍니다.　백2를 a에 놓거나 하면 흑부터 2로 놓는 수가 없으므로 주의해 주십시오.

　天元　아아, 백2가 좋은 수로군요.　그러면 3도 흑1에 대한 백의 응수입니다.　백2의 구부리기는 안됩니까?

　大竹　흑3부터 뻗어 흑7·9에서 사.　누르는 수가 없으므로.　백은 4에 마늘모로 놓는 수밖에 없읍니다.

　星子　의외로 사활이 궁핍하군요.

　大竹　그렇읍니다.　4도 ◎에 마늘모로 놓았을 때도 문제가 있읍니다.　이 부근은 잘 읽어 두어야 합니다.혹1부

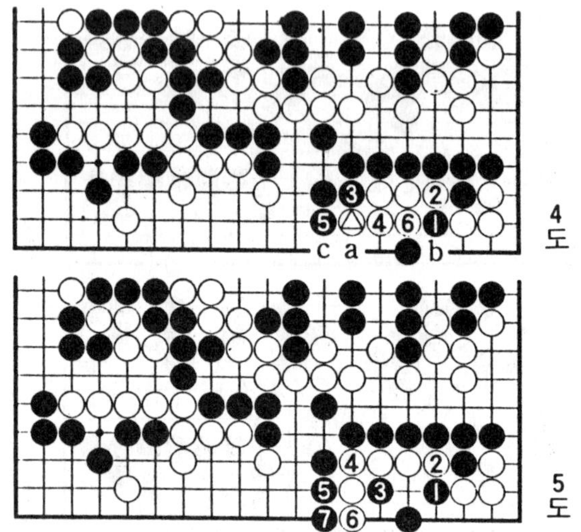

터 3에 대어 넣는 수에 매력을 느끼지 않읍니까?

　天元　백4에는 흑5로 누르고……

　大竹　백6으로 살 수 있읍니다. 흑a부터 백b, 흑c의 붙이기가 듣고, 왼쪽의 백에게 힘을 도와줄 수가 있고……

　天元　대단한 것은 아니지요?

　大竹　5도 흑1에 백2로 받아주는 것이라면 바깥에서 대어 넣어서는 안됩니다. 흑3으로 가운데부터 대어 넣는 것이 좋은 수입니다.

　天元　백4 붙이기, 흑5 누르기. 이것 도대체 뭔지.

　星子　백6에 흑7로 눌러 취해 보지요.

　大竹　백은 엉망입니다. 그러므로 패는 되지 못합니다.

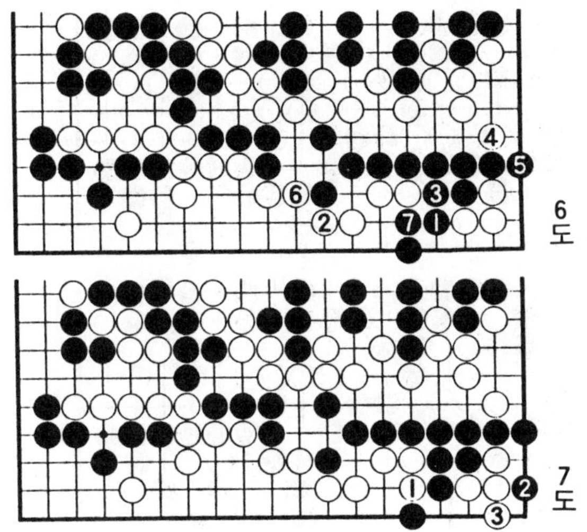

6도 흑1 때 백2로 제쳐 버려야겠지요.

　天元　흑3으로 찔러 뽑아내는 것이 아닌가요.

　大竹　5도는 굉장하군요. 어쩔 수 없읍니다. 구석의 세 점은 취해져도 백6으로 헐겁게 하고 백 선수. 흑7의 한 수가 필요합니다.

　天元　아니 흑의 큰 돌이 의외로 초라하군요.

　大竹　흑7을 놓지 않으면……

　星子　7도 백1이지요. 적의 급소는 나의　급소이니까요.

　大竹　星子씨는 격언을 잘 알고 있군요. 흑2는 백3. 흑3은 백2에서 눈이 없읍니다. 가운데 수이니까요.

　天元　제발 살려주십시오.

　大竹　곧 찔러 뽑아 버리는 것은 좋지 않읍니다. 8도, 그러니까 일단 흑1에 붙여 댑니다. 이것에 대해　백2로

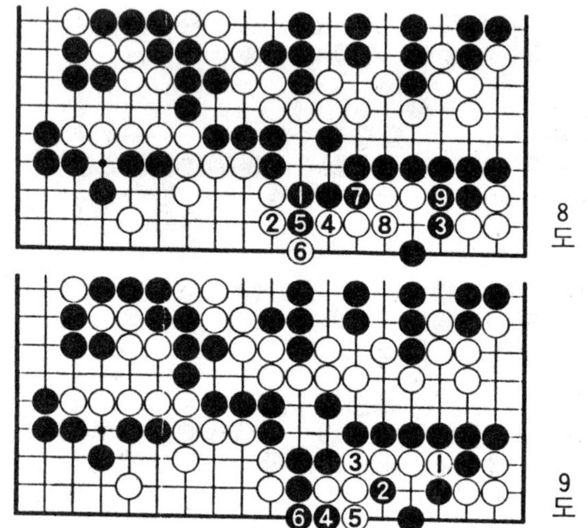

내리면 이번에는 흑3으로 놓아 갑니다. 백9에 놓는 수는 5도와 같이 성립되지 않고 백4의 건너기. 흑5부터 9까지 연결되면 6도와는 달라지겠지요.

星子 비슷한 것이라고 생각했읍니다만.

大竹 당치도 않읍니다. 백의 땅이 다릅니다.

星子 백6의 건너기에서 9도 백1로 놓는 것은 불가능한가요?

天元 그것은 지금 선생님께서 말씀하셨잖아. 흑2가 있어. 백3에 흑4·6으로 젖혀 붙이면 좋아.

大竹 잘 기억하고 계시군요. 좋읍니다.

天元 10도처럼 되었읍니다만, 이것으로 오른쪽의 백돌은 완전히 살았고. 문제는 왼쪽의 큰 돌이 어떻게 되느냐……

大竹 이것을 그냥 두면 지금까지 한 일이 의미가 없어

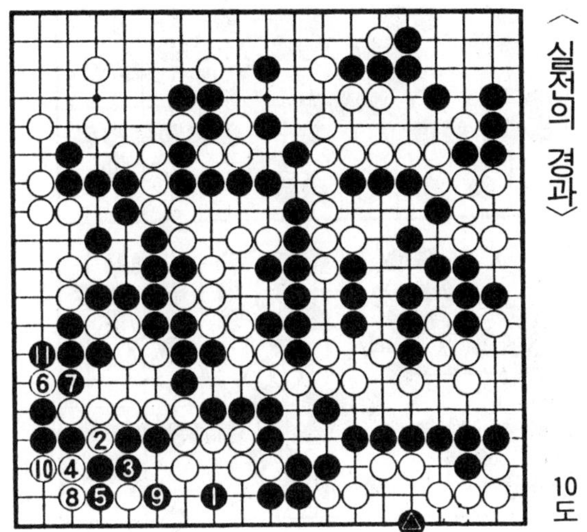

집니다. 그러나 흑1로 뛰어넣으면 사. 그다지 어렵지도
않습니다.

   天元 과연 백은 전혀 눈이 없군요.

   大竹 다만 흑1은 조금 위험한 의미도 있읍니다. 백2
부터 4에 놓은 것이 맥으로 순간 섬뜩합니다. 그러나 흑
5로 구부려 결국 수가 없어집니다.

   天元 흑11 때, 백은 손을 둡니다. 이 큰 돌을 취할수 있
는 것은 처음에 ●으로 놓고 좌우를 연락시켰기 때문입
니다.

   星子 10도의 변화입니다만 뛰어넣기로 11도 흑1에 누
르는 것은 백2로 눈을 가져오는군.

   大竹 그것이 가장 확실하게 되어 있읍니다. 백2에는 흑
3으로 아무런 일도 없었으니까요. 백a, 흑b를 바꾸어도
역시 흑3에 놓아 죽읍니다.

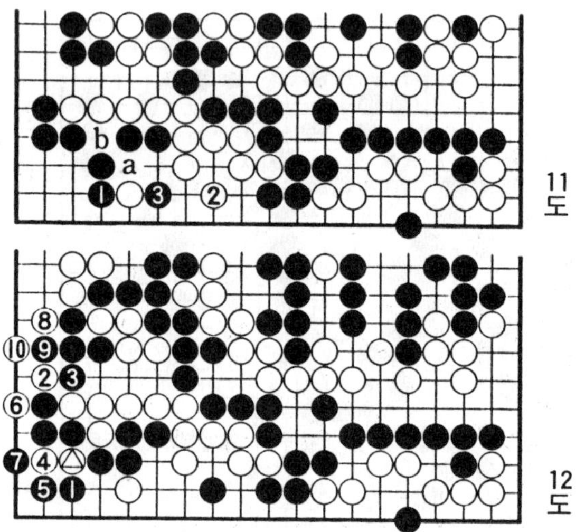

11
도

12
도

星子　12도 백이 △에 놓았을 때 흑1에 의지해서는 안
됩니까?

大竹　자칫 의지하려 하다가 큰일납니다.　백2의 젖혀내
기가 성립합니다.　백4부터 6의 대기가 듣고, 백8·10
에서 패가 되니까요.

天元　하하, 백은 6의 젖히기를 살리기 위하여 △에 놓
아가는 것입니까?

大竹　주의하지 않으면 그것을 눈치채입니다.

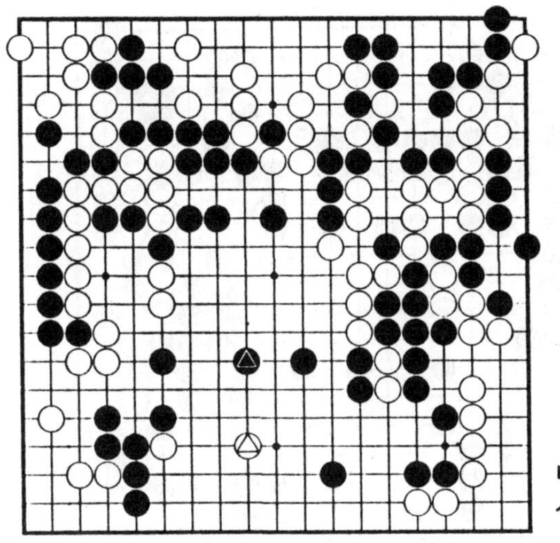

제6문 형세 판단

大竹 지금 ●에 놓여진 참입니다. 전체의 땅을 세어봐 주십시오. 형세는 어떻읍니까.

....

天元 흑이 좋을 것 같읍니다.

星子 하변이 전부 흑의 땅이 되면 압도적으로 흑이 좋을 것이라고 생각합니다.

大竹 압도적이라고 할 정도는 아닙니다만 흑이 좋은 것은 분명합니다. 그러므로 하변을 이대로 땅이 되게 하는 것은 가만히 앉아 지기를 기다리고 있는 것과도 같읍니다.

星子 하변은 수가 되나요? 흑이 강한 장소에서……

大竹 △을 살리고 받던가 패 정도는 될 것 같읍니다.

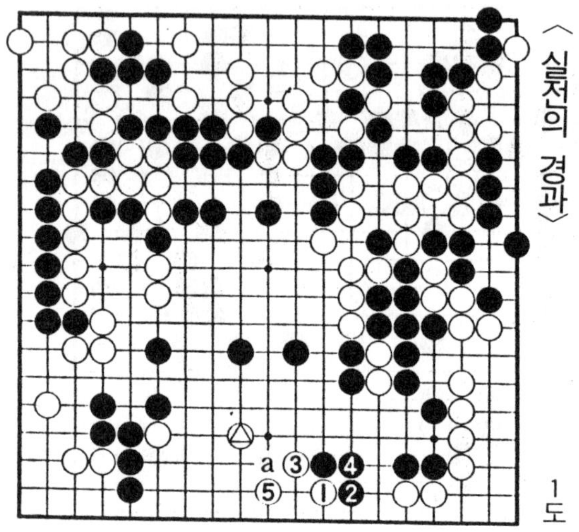

필사의 돌입

大竹 저는 1도 백1로 붙였읍니다. 이것으로 수가 될 것 같았읍니다. 그러나 느낌은 빗나갔읍니다.

天元 백1의 아래 붙이기가 좋읍니까?

星子 저라면 △의 돌을 a에 마늘모로 놓아 살려가거나 했을 텐데요.

大竹 무겁게 놓는 것은 금물입니다. 가능한 부담없이 가볍게 놓읍니다.

天元 그러나 백1의 붙이기에 대해 흑은 여러 가지 응수가 있을 것 같은데요.

大竹 실전은 흑2로 밖에서 눌러 굳혔읍니다. 이것은 아마 최강의 수단. 백으로써는 박아넣기가 아닌 가운데에서 살려고 하는 수 밖에 없읍니다. 그러나 백3부터 5에 걸

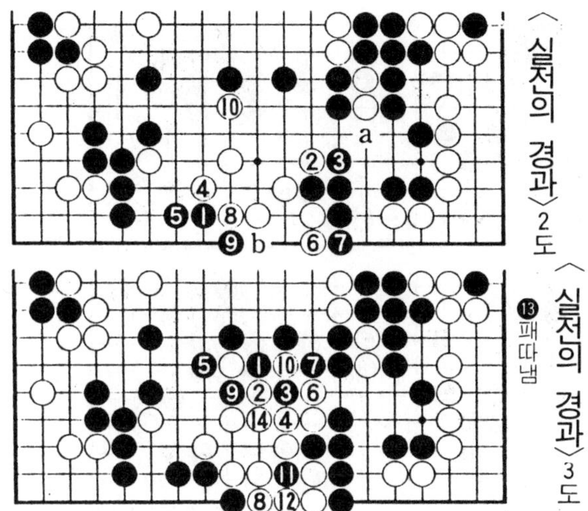

어 붙이기는 백도 일단 형이 될 것입니다.

天元 과연 결정형 같군요.

星子 어떻게 결정이 났습니까?

大竹 2도 흑1로 쫓아갔읍니다. 강력한 착상이지요.
백2의 젖히기가 a의 뻗어내기를 보며 들었고, 백4부터 6
·8. 흑9의 젖히기에 곧 백b로 누르지 않고 백10의 뛰
어붙이기. 눈이 만들어지기 쉬운 형이 되었읍니다.

天元 웬지 마술처럼 너무 술술 놓아지는군요.

大竹 그 후 3도의 순서로 진전. 패도 되지 않고 무조
건 살았읍니다.

天元 그렇다면 대성공 아닙니까?

星子 하변이 엉망이 되었군요.

大竹 백 성공이지요. 분명히 실전의 순서는 흑에 문제
가 있읍니다. 이런 정도까지 살려주어 바둑은 백이 재미

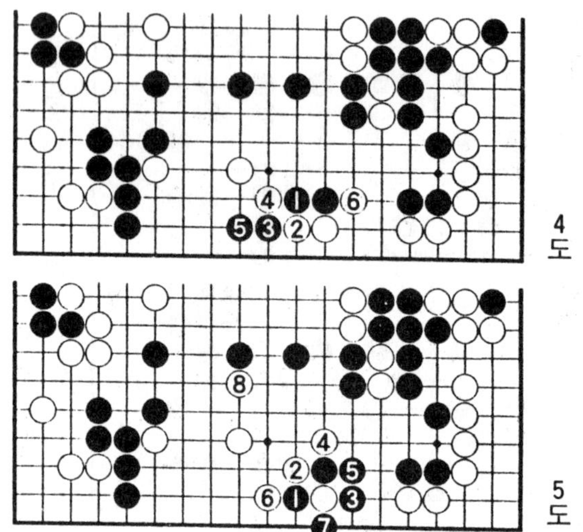

있게 되었읍니다.

　天元　처음부터 **4도** 흑1로 끈 것은 견실한 것이 아닙니까?

　大竹　백2로 들어갔읍니다. 흑3은 무리하게 백4의 끊기에서 6으로 젖혀 나빠졌읍니다.

　星子　흑3의 누르기로 4에 끌면?

　大竹　그것도 약합니다.

　天元　다음은 **5도** 흑1의 누르기.

　大竹　백2에 끊기. 4·6 대기부터 8의 붙이기. 실전과 같은 풀기가 되었지요.

　天元　**6도** ◿에 걸어 붙였을 때 흑1에 대면 안되나요?

　大竹　패가 되지요. 이 방법이 흑에게는 좋다고 생각합니다. 이 그림에서 패로 할 수밖에 없읍니다.

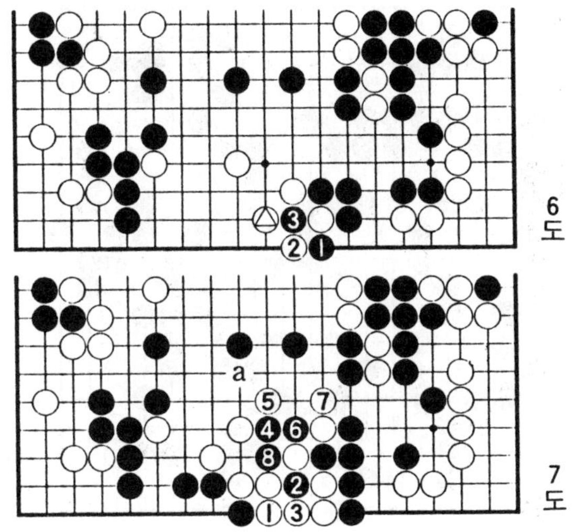

天元 간단하군요.

大竹 또 한가지 중요한 것을 말해두지요. 7도 백a로 붙인 경우가 있었지요. 그 수에서 백1로 누르는 것은 문제입니다. 흑2부터 4로 부딪치는 수가 있어 흑8까지 패가 되지요. 같은 패라면 백은 6도 보다 7도 쪽이 유리합니다.

天元 실전에서 6도처럼 되려면……

大竹 패 재료는 흑이 유리하므로 백도 쉽지는 않습니다. 7도 백1은 a에 붙여 무조건 살려 하니까요.

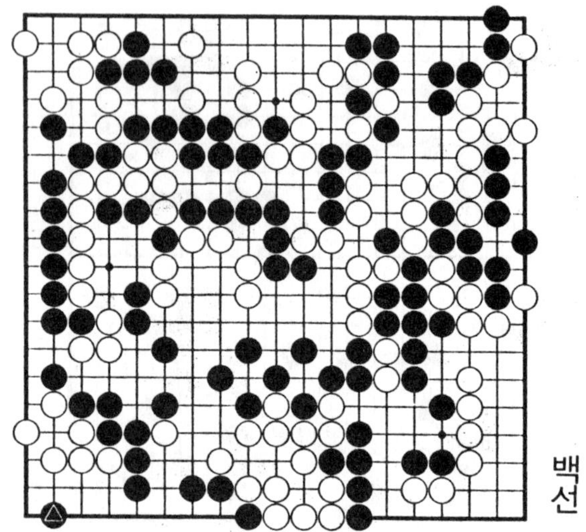

제 7 문 사소한 것에 조심

大竹 전제에서 상당히 경과한 장면입니다. 지금 ● 에 미끄러져간 참입니다.

天元 그렇게 어려운 문제는 없는 것 같읍니다.

大竹 말하자면 간단. 실은 저는 여기에서 당치도 않은 것을 놓아버렸읍니다.

星子 선생님이 말씀입니까?

大竹 나는 1도 백1로 젖혔읍니다. 흑2에 백3으로 세 점을 돕고 흑4로 구석이 패가 되어 버렸읍니다.

星子 어머, 세 점쪽이 큰가요?

大竹 구석이 패가 된 쪽이 문제가 큽니다. 그러므로 무엇을 생각하고 놓는 것인지 저도 모르겠읍니다.

天元 무엇인가 착각을 한 것인가요?

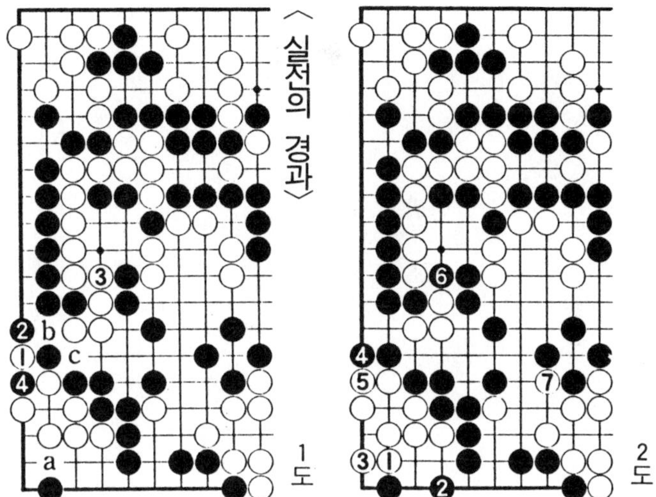

大竹 백 3 으로 4 에 붙이는 것은 흑a, 백b, 흑c에서 백 사. 형세는 백이 좋지만, 세 점 도와 패로 버틸 수는 없 읍니다.

星子 저라면 2 도처럼 살겠읍니다.

大竹 星子씨 쪽이 저보다 강합니다. 좋읍니다. 아무것 도 아니지요. 흑 6 으로 취해졌읍니다만 백 7 로 대어져 있 어서 백이 좋읍니다.

天元 사소한 것에 주의를 해야 하는군요.

大竹 처음 이야기한 것처럼 종반에는 세심한 주의가 필 요합니다. 그것이 승리와 큰 관계가 됩니다.

판　권
본사
소　유

대세를 결정짓는 다음의 한수

2011년 10월 25일 인쇄
2011년 10월 30일 펴냄

지은이/ 大 竹 英 雄
옮긴이/ 프로바둑연구회
펴낸이/ 최　상　일
펴낸곳/ 太乙出版社
서울특별시 중구 신당6동 52-107 (동아빌딩내)
등록/1973년 1월 10일(제4-10호)

＊잘못된 책은 구입하신 곳에서 교환해 드립니다.

■주문 및 연락처

우편번호 100-456
서울특별시 중구 신당6동 52-107 (동아빌딩 내)
전화 / 2237-5577 팩스 / 2233-6166
ISBN 89-493-0369-8　　　　13690